acción empresarial

Experiencia de cliente

«En eBay, la experiencia de nuestros clientes es clave y nos esforzamos cada día para ofrecer a consumidores y vendedores una gran experiencia de usuario. Con este objetivo, en los últimos años hemos evolucionado para dar respuesta a las nuevas necesidades de los consumidores y seguimos trabajando para ser su lugar favorito en el que ir de compras. Además, tenemos por objetivo crear oportunidades económicas, profesionales y personales y ser el socio perfecto de marcas y pequeños y medianos vendedores, a quienes queremos ayudar a hacer crecer su negocio nacional e internacionalmente».

Susana Voces, directora general de eBay España

«Desde Correos llevamos más de 300 años conectando personas y apostamos por la experiencia de cliente como uno de los pilares básicos de nuestra estrategia. Satisfacer a los clientes ha sido uno de los objetivos principales de las compañías desde siempre, sin embargo, en los últimos tiempos y sobre todo empujado por la multicanalidad, se ha convertido en un reto no tan sencillo. Para ello es imprescindible una gestión metodología clara y bien definida de la interrelación con los clientes, aspecto que afronta de manera rigurosa este libro».

David Muntañola, Chief Commercial & Marketing
Officer en Correos España

«*Experiencia de cliente* resultará imprescindible para todos aquellos que, más allá de modas pasajeras, quieran adentrarse de verdad en la gestión de la experiencia de cliente. Esta es una disciplina que, si bien en su origen se remonta a tiempos muy lejanos –con los primeros mercaderes–, su dimensión y complejidad en el mundo empresarial actual requiere de un enfoque que aúne rigor, método y control científico, junto al resto de aspectos emocionales e intangibles, algo que Marcos González de La-Hoz y su equipo han logrado compendiar con gran maestría».

Javier Gándara, director general de easyJet España

«Marcos González de La-Hoz, junto a los coautores, logra exponer en *Experiencia de cliente* uno de los mayores retos de toda corporación: ser capaz de crear emociones positivas, competitivas y diferenciales, para así vincular la marca con el cliente».

Fátima Alcántara Liñán, Brand Experience & Operation
Manager Spain de Meliá Hotels International

Experiencia de cliente

Marcos González de La-Hoz (director)

MADRID   BARCELONA   MÉXICO D.F.   MONTERREY   BOGOTÁ
BUENOS AIRES   LONDRES   NUEVA YORK   SAN FRANCISCO   SHANGHÁI

Comité editorial de la colección IE Business Publishing
Marco Trombetta, Cynthia Fernández Lázaro, Francisco López Lubián, Marcelino
Elosua, Jeanne Bracken y Nuria Coronado

Colección IE Business Publishing
Editado por LID Editorial Empresarial, S.L.
Sopelana 22, 28023 Madrid, España
Tel. 913729003 - Fax 913728514
info@lideditorial.com - LIDEDITORIAL.COM

A member of:

BPR

Business Publishers Roundtable.com

EAN-ISBN13: 9788483562666
Directora editorial: Jeanne Bracken
Editora de la colección: Araceli Hernández
Edición: Maite Rodríguez Jáñez
Maquetación: produccioneditorial.com
Corrección: María Aldave
Fotografía de portada: © Zygotehasnobrain/Dreamstime.com
Diseño de portada: El Laboratorio
Impresión: Cofás, S.A.
Depósito legal: M-34.474-2015
Impreso en España / *Printed in Spain*

Primera edición: noviembre de 2015

*Te escuchamos. Escríbenos con tus sugerencias, dudas, errores que veas o lo
que tú quieras. Te contestaremos, seguro: queremosleerteati@lideditorial.com*

Carta de presentación

El *management* es una profesión clínica, semejante a la Medicina, las Ingenierías o el Derecho. Además, el entorno empresarial cambia y evoluciona de forma permanente, en un contexto global y competitivo. En paralelo, los modelos de gestión y las habilidades necesarias para desempeñar con éxito el trabajo directivo están en continua transformación. Por ello el trabajo directivo exige una puesta al día constante, la lectura habitual de literatura sobre administración de empresas, el acceso a información y a opinión actualizada, además de la formación continuada.

La colección LID Editorial Empresarial-IE Business School tiene como objetivo proporcionar literatura profesional de alta calidad a los directivos y emprendedores para el mejor desempeño de sus responsabilidades directivas. Los libros que forman parte de esta colección tienen dos características básicas: en primer lugar, se apoyan en una investigación académica rigurosa, en paradigmas testados y aceptados por la comunidad universitaria; en segundo lugar, son contribuciones relevantes para el ejercicio directivo y para la toma de mejores decisiones empresariales. Rigor académico y relevancia práctica son, pues, las dos características básicas de las obras que componen esta colección.

IE Business School es una de las mejores escuelas de negocios del mundo, de acuerdo con la opinión generalizada y recurrente de los principales grupos de interés o *stakeholders* del sector educativo.

Cuando en ocasiones me preguntan cuál es el secreto de este éxito, respondo que nuestro activo más valioso son los estudiantes y los profesores del IE. En particular, estos últimos que forman un claustro lleno de profesionales que practican lo que suelo denominar como los tres deportes del triatlón académico: primero, porque son excelentes docentes en clase, saben comunicar eficazmente el conocimiento y desarrollar en sus alumnos las habilidades claves para el desarrollo directivo; en segundo lugar, son investigadores reconocidos por sus pares académicos y publican sus contribuciones intelectuales en los mejores *journals* académicos internacionales; y, por último, porque son interlocutores de la alta dirección de las empresas, a través de su trabajo permanente de consultoría o su participación en distintos consejos y órganos de las empresas de su entorno. Además, los profesores del IE ejercitan cada una de las tres facetas mencionadas –docencia, investigación y trabajo empresarial– con un grado de excelencia equivalente.

La combinación de estas tres facetas está presente en las obras que integran esta colección, cuya lectura y consulta está recomendada para todos aquellos que asumen la dirección de personas o tareas en cualquier empresa u organización. Suelo repetir con frecuencia que el mundo necesita, más que nunca, buenos directivos y emprendedores, en todo tipo de sectores de actividad y en todos los niveles: desde el mundo empresarial a la política, la administración pública, las instituciones educativas y sanitarias, o las organizaciones sin ánimo de lucro. La buena gestión es el mejor antídoto contra muchos de los males que aquejan a nuestra sociedad. Y la buena gestión es el resultado de la experiencia interiorizada, el ejercicio permanente de las virtudes directivas y la formación continuada.

La vida profesional del directivo va a ser cada vez más larga y más cambiante. Con frecuencia suelo comentar a los estudiantes y profesores del IE que vivimos vidas mezcladas *(blended lives)*, en las que se alternan responsabilidades variadas, trabajos que cambian de un sector a otro, quizá viviendo sucesivamente en entornos culturales diversos. La mejor manera de estar preparados para estas sucesivas y frecuentes mudanzas en nuestras carreras profesionales es la lectura y la formación permanentes.

La colección LID Editorial Empresarial-IE Business School proporciona también un espacio para la reflexión a los directivos de empresa, quienes se forman y se ejercitan como personas de acción, orientadas a la rápida toma de decisiones, de forma eficiente y resolutiva. Por lo general, los directivos tienen poco tiempo para adoptar medidas y poco espacio para sopesar sus decisiones. Las reuniones ejecutivas cada vez duran menos tiempo. Los proyectos que se inician *(start-ups)* han de explicarse en un minuto a potenciales inversores. Las ideas innovadoras tienen que justificarse al jefe durante un trayecto de ascensor. Las mociones políticas son contadas a la carrera por los lobistas a los congresistas en los corredores que conducen a las salas de plenos, allí donde existen estas prácticas. Las personas de acción han de tomar partido por una opción rápidamente, adoptar decisiones empresariales en tiempo real, cultivar la determinación y evitar el diletantismo.

Posiblemente muchas malas decisiones empresariales se deban a la premura y perentoriedad de los momentos en los que se adoptaron. Es necesario que el directivo recupere el *tempo* y la perspectiva para tomar mejores decisiones, para valorar su riesgo y sus consecuencias a largo plazo, para estimar su impacto en la sociedad.

Compárese, por un momento, cómo un directivo analiza un edificio y cómo lo hace un arquitecto. Por supuesto, este último invierte mucho más tiempo, contempla el edificio desde diversos ángulos, valora aspectos contextuales, estéticos y funcionales. Por otro lado, el ejecutivo lo normal es que despache la vista de un edificio o de una obra de arte en pocos minutos. ¿Se podrían ejercitar las habilidades relacionadas con la contemplación estética en la enseñanza de directivos? Estoy convencido de que así es y, por ello, hemos introducido la enseñanza de las humanidades y de otras disciplinas relacionadas, como el diseño, en los programas másters de nuestra escuela de negocios.

Ahora, la colección incorpora un nuevo título, *Experiencia de cliente,* coordinado por Marcos González de La-Hoz, director del Programa Superior en Customer Experience Management de IE Business School y presidente del IE Customer Experience Club, en el que se plasma la esencia metódica para dirigir con éxito la gestión de la experiencia de cliente. Un viaje en el que le acompañan seis expertos en esta disciplina del marketing, en su mayoría también profesores de la casa, que sitúa la gestión de las emociones del consumidor en el centro de las actividades de las organizaciones.

Mientras que en el anterior libro de la colección, *El poder de la pasión,* Belarmino García cuenta en primera persona cómo logró llevar a Amena al éxito mediante la gestión de las personas, con la publicación de esta nueva obra nos adentramos en uno de los aspectos que más interés despierta entre los directivos y cuyo conocimiento es imprescindible para competir en el mercado. *Experiencia de cliente* propone una metodología para desarrollar proyectos basados en el *customer experience management* (CEM) que permitan a las empresas liderar su sector. Cómo se construye una experiencia única y deseada, cómo crear un compromiso experiencial dentro de una compañía o cómo identificar al cliente para saber qué facilidad ofrecerle son algunas de las cuestiones que recoge la obra, que cierra el círculo bajando la teoría a la tierra con la presentación de tres escenarios diferentes basados en crear métricas y sistemas de control para optimizar la experiencia de los usuarios.

Esta serie de libros está especialmente dirigida a los directivos y emprendedores que estén interesados en la calidad de sus decisiones y de su vida profesional, así como a todas aquellas personas conscientes de la necesidad de tomarse un tiempo para la reflexión y el análisis.

Este ejercicio de introspección, contribuye a la mejora de lo que denomino el «músculo estratégico», esa capacidad de los buenos directivos para exponer su visión, para estructurar sus planes y para comunicarlos y llevarlos a cabo con éxito.

Se suele atribuir al escritor británico C. S. Lewis la frase «leemos para saber que no estamos solos». Confío en que los libros de la colección que aquí se presenta, contribuyan también a aliviar la soledad del trabajo directivo. Bienvenidos a la colección LID Editorial Empresarial-IE Business School.

Santiago Íñiguez de Onzoño
Presidente IE University y decano
de IE Business School

Índice

05

Prólogo

Cuando Marcos González de La-Hoz me pidió que firmara el prólogo del libro que estaba dirigiendo sobre *customer experience management* (CEM) no lo dudé. En mi opinión, se trata de un asunto crucial para las empresas que, de verdad, queremos ayudar a progresar a nuestros clientes.

Es cierto que durante los últimos años se ha hablado mucho de qué es la experiencia de cliente y de las distintas formas de gestionarla. Sin embargo, me gustaría empezar diciendo que no creo que haya una fórmula universal que garantice la conquista de la expectativa del cliente más allá de lo que Marcos y su equipo de coautores denominan «ser uno mismo». Y es que a veces pintamos logaritmos imposibles en vez de aplicar el sentido común y ser fieles a nuestra identidad empresarial.

En este sentido, el mundo empresarial que hoy conocemos poco tiene que ver con el que nos tocó vivir hace una década. El contexto es mucho más competitivo, los márgenes cada vez menores y la necesidad de mantener altos estándares de innovación buscando procedimientos eficientes se ha puesto más de manifiesto que nunca.

Hoy, además, los ciudadanos son más exigentes, están mejor informados y no son un sujeto pasivo que adquiere bienes y servicios. El consumidor opina, cuestiona, desafía e, incluso, desconfía de nosotros como marca, lo que a veces puede afectar a nuestro negocio. Por eso, es mejor tener muy claro datos como el que arroja el estudio *Meaningful Brands* de Havas Media que muestra que el 75% de los consumidores considera que somos irrelevantes en sus vidas. Se hace necesario adaptarnos a los nuevos tiempos, reconectar con la sociedad en la era de las TIC y la abundancia informativa.

Lo que aprendimos de la etapa de la economía industrial es que las cadenas de valor consistían simplemente en producir mucho al menor coste posible, a fin de ofrecer productos a un precio competitivo y atractivo para el consumidor. El paso a una economía de servicios implicó un mayor grado de sofisticación, en el que la calidad y la personalización eran mucho más importantes. No todo consistía en producir más barato.

El siglo XXI y la revolución de las TIC han traído consigo la economía de la experiencia. Hoy un producto o servicio se convierte en una experiencia si, tras adquirirlo, genera en el usuario una expectativa mejor o igual a lo esperado. El marketing tradicional y el lema ya no son suficientes: las marcas generan valor por lo que son. De forma que ligar la vinculación de tu cliente a un determinado producto o servicio es cortoplacista, no es sostenible en el tiempo.

Así, las compañías debemos apostar por formar parte de la vida de nuestros actuales y potenciales clientes de modo natural, no forzado, de acuerdo con sus hábitos y su estilo de vida. En este nuevo contexto, el consumidor espera que las empresas:

- Sean fieles a su promesa de marca, es decir, por encima de todo que cumplan con las expectativas para que haya consistencia entre lo que se dice y lo que se hace.

- Den propuestas relevantes pensadas desde el punto de vista del cliente.

- Ofrezcan soluciones innovadoras de acuerdo con necesidades reales basadas en la investigación de mercados y en la medición, en técnicas explorativas y de diseño de servicios centrados en el usuario teniendo en cuenta aspectos racionales y emocionales.

- Contribuyan a la recuperación de la confianza. Para ello, lo primero será apostar por la transparencia y la cercanía.

Luego, el reto es ambicioso pero, ¿cómo afrontarlo en el día a día? En mi opinión, debemos ir más allá de las condiciones de los lemas vacíos; debemos transmitir y hacer tangible lo que somos.

En el banco nos tomamos esto muy en serio. Cada uno de los posicionamientos de marca responden a esa inquietud, desde «Tu otro banco» hasta «People in Progress» que lanzamos en 2014. Nuestro logo actual es, en realidad, una actitud que nos reta en nuestro día a día para garantizar que, después de lanzar una propuesta muy innovadora en el mercado español en 1999, seguimos manteniendo el propósito de permanecer al lado del cliente.

Así, nuestro modelo siempre ha sido de CEM. El equipo fundador del banco tuvimos claro en nuestros orígenes –y a día de hoy seguimos convencidos de ello– que la mejor manera de ofrecer un servicio diferencial es pegarnos al cliente y entender sus necesidades. Evolucionar juntos.

Creo que hay dos ejes importantes que ayudan a crear experiencias positivas para los clientes, uno sería el de la «autenticidad y escucha genuina» y otro el de la «disrupción digital». A continuación explicaré a qué me refiero.

Con la «autenticidad y escucha genuina» quiero subrayar que es muy relevante saber escuchar al cliente y proveer las herramientas y los medios necesarios para pedirle opinión o para recoger y organizar toda la información que el cliente nos da porque se siente con la libertad de hacerlo. De hecho, en el banco disponemos de equipos específicos que se encargan de ello y trabajamos conjuntamente con los clientes para cocrear la mayoría de nuestros productos y servicios porque nos hemos esforzado en trasladarle que su aportación es importante.

Por poner un ejemplo tangible, en ING DIRECT todo el equipo de dirección del banco –y todo profesional que lo desee– se despierta leyendo en su móvil los comentarios y las sugerencias que los clientes nos dejaron el día anterior. Leemos con cariño tanto los mensajes de agradecimiento como los que nos proponen cambios o mejoras. Son los clientes los que también nos ponen sobre la pista de incidencias en estado incipiente, lo que nos ayuda a atajarlas rápidamente. «La voz del cliente» se convierte así en la principal fuente de inspiración para seguir mejorando los servicios que prestamos como organización.

Creo que, por iniciativas como esta, hoy uno de cada tres nuevos clientes viene al banco por recomendación de otro cliente. Sabemos que sólo las experiencias que generan emociones positivas mueven a alguien a recomendarte y apostamos por ello.

Nada más lejos de mi intención es dar la sensación de que esto es una tarea sencilla. Desde luego, es difícil responder a cada una de las necesidades y deseos de todos clientes pero empieza a ser posible si empoderamos a las personas. Cuando definimos y creamos un nuevo servicio deberíamos hacerlo desde el cliente y no desde la organización para el cliente. Este cambio de paradigma ofrece muchas posibilidades porque se basa en la escucha continua.

Incluso lo hemos visto en política; es conocido el caso del entonces candidato a la presidencia de Estados Unidos, Barack Obama, que rechazó en 2008 el diseño que su equipo de expertos había hecho para su web de donaciones de cara a su campaña. No fue una muestra de desconfianza, sino que había visto que el éxito reside en ofrecer productos escuchando a la gente y no en ceñirse a la opinión de los gurús, a los que también se hace referencia en las páginas de este libro. De esta manera, distintos diseños fueron alternándose durante varios días en la web y el escogido fue el que recibió más atención en segundos por parte de los visitantes. Siete años después, parece que no hay duda del éxito de aquella campaña.

Por su parte, el segundo eje importante es el de abrazar la «disrupción digital», muy positiva para las empresas con una cultura centrada en el cliente. La tecnología y el Big Data están fortaleciendo de lleno la experiencia de nuestros clientes que ahora son totalmente móviles, multipantalla y exigentes las 24 horas. Las compañías necesitamos estar accesibles de acuerdo con los nuevos hábitos de vida que son 100% móviles para que, de forma natural, el cliente nos encuentre cuándo, dónde y cómo necesite hacerlo.

El 98% de los contactos de los clientes con el banco se producen por canales digitales y ya más del 50% de ellos son a través del móvil; el 15% de los contactos con gestores se hacen a través del chat o de los perfiles del banco en redes sociales.

La cultura digital implica eficiencia, transparencia, actitud abierta y curiosidad, colaboración y diálogo, cocreación, superación y aceptación del error para mejorar. Creo que todos ellos son elementos necesarios en una cultura ganadora y hablan de implicación de todos los actores en el proceso desde los profesionales que trabajan en la compañía a los clientes, lo que garantiza su satisfacción y su compromiso y, por tanto, buenos resultados.

Para mí esta es la gran ventaja de la disrupción digital y es que genera nuevas actitudes de superación que llevan a los negocios a:

1. Ser socialmente aceptados porque la misión compartida con la sociedad de su empresa contribuye a la sostenibilidad del planeta.

2. Hacer un uso sofisticado de la tecnología que permite resolver mejor más necesidad con menos recursos.

En este sentido, vamos a vivir muchos cambios tecnológicos que van a ser una revolución en sí mismos que hacen que la competitividad de una empresa pase necesariamente por la digitalización. De ahí que la clave para mí está en cuán ágiles seamos a la hora de ver venir esos cambios y participar de ellos, ya sea desarrollándolos o adaptándonos a ellos con el objetivo de ofrecer siempre el mayor beneficio posible a nuestros clientes en particular y a la sociedad en general.

Y retomo aquí otro aspecto que mencioné antes y que es la base que sustenta una experiencia de cliente satisfactoria: el equipo. Para mí es fundamental que la cultura interna de la empresa, compartida por todos los profesionales, beba de una visión transformadora, inclusiva y concreta que dote de sentido a la organización y nos permita medir continuamente nuestro trabajo para garantizar que se mantiene el foco.

Por tanto, la experiencia de cliente afecta a la estructura interna de las empresas. Necesitamos abandonar las estructuras organizacionales heredadas de la era industrial, por otras mucho más colaborativas y horizontales. Debemos empoderar especialmente a aquellos que están en contacto con los clientes, para conseguir que sus percepciones sean tenidas en cuenta en los procesos y las decisiones de la alta dirección.

En resumen, para ING DIRECT ser una empresa centrada en el cliente desde sus orígenes es lo que ha permitido, sin duda, tener un crecimiento del negocio constante y sostenido, incluso en los momentos complicados. Además, ha hecho que a día de hoy tengamos el honor de ser –por séptimo año consecutivo– el banco más recomendado y mejor valorado por sus clientes según un estudio independiente realizado por el Instituto de Investigación de Mercados TNS en España, y que mantengamos cada año el privilegio de ser el único banco en nuestro país con un índice de recomendación (NPS) positivo que, incluso, crece.

Espero haber podido transmitirte en estas líneas lo que en ING DIRECT consideramos clave que para poder gestionar una experiencia de cliente óptima: que el cliente esté de verdad en el centro de nuestras decisiones. Cuando como organización te lo crees, pones los medios para que toda la maquinaria gire en ese sentido gracias, siempre, a un equipo comprometido con una visión transformadora que crea valor para toda la sociedad en su conjunto.

Almudena Román
Directora general de ING DIRECT España

Agradecimientos

En nombre de todos los coautores, queremos agradecer a todas las personas y empresas que han hecho posible este manual.

En primer lugar desearíamos empezar por nuestras familias, que han aguantado nuestra ausencia durante el desarrollo del libro.

También queremos dar las gracias a todas las personas que forman parte de Brain Trust Consulting Services, y en especial a Juan Bosco de la Rocha, consejero delegado de la compañía, por creer en todo momento en el compromiso social que toda compañía tiene para focalizar esfuerzos y compartir su conocimiento y experiencia para la mejora de la industria de la consultoría de marketing estratégico de la que forma parte.

No podemos olvidar agradecer a IE Business School, institución que entendemos como nuestra casa, donde nos hemos formado y hemos aprendido tanto, pues es debido a ese sentimiento de agradecimiento por lo que, de una u otra manera, nos sentimos comprometidos a devolver tanto conocimiento que en su día nos ofreció.

También queremos agradecer a todas las personas que forman parte del departamento de Publishing de IE Business School, lideradas por Cynthia Fernández Lázaro, cuyo equipo siempre nos ha contagiado ilusión y energía para lograr afrontar este reto.

Sin duda, y de la mano de IE Publishing, este libro no existiría sin LID Editorial, editorial española líder que fomenta el conocimiento empresarial en cuatro continentes, siendo un orgullo formar parte de su intachable labor.

Agradecemos a Jeanne Bracken, a Araceli Hernández y a todo el equipo su confianza y esfuerzo.

Por último, ofrecemos nuestro más sincero agradecimiento a todas las empresas de los cuatro continentes que confiaron y confían en nosotros, pues gracias a ellas hemos aprendido la mayoría de las conclusiones que exponemos en este libro.

De igual forma, brindamos nuestro agradecimiento también a todos los antiguos y futuros alumnos del Executive Program Customer Experience Management de IE Business School, así como a sus ponentes colaboradores. Y para no dejarme a nadie en el tintero, también a los seguidores acérrimos, llamados CEM-IE'S, de nuestro Club Customer Experience de IE Business School, que nos siguen de forma incondicional en LinkedIn y Twitter, aportando valor y experiencias concretas en nuestros virtuales debates quincenales, donde tanto aprendemos.

A todos, muchas gracias.

Introducción

Hablar de la gestión en la experiencia de cliente *(customer experience management* o CEM) es algo que está de moda. No hay reunión ejecutiva donde las gloriosas expresiones experiencia de cliente *(customer experience* o CX), recorrido del cliente (o *customer journey),* puntos de contacto *(touch points* o TP), momento de la verdad *(moment of truth)* o efecto ¡guau! o *wow* (generación de momentos inesperados para provocar en el cliente una satisfacción más allá de lo esperado) no aparezcan como solución a cualquier problema que tenga la empresa en cuestión.

Sin embargo, poco tiene que ver la CEM con una sencilla y fácil solución que revierte la gestión comercial obsoleta e inefectiva en excelentes interacciones generadoras de clientes devotos de la marca, el producto o servicio.

Qué duda cabe de que todas las empresas pueden mejorar en algo, pero si tuviera que elegir implantar una mejora e invertir recursos en algún ámbito de gestión, desde mi humilde opinión, deberían elegir siempre mejorar la vivencia y la relación que tienen sus clientes con la empresa.

Aun así, antes de seguir con esta introducción, me gustaría sincerarme con el lector, pues la primera vez que escuché hablar de la CEM, hace ya algunos años y debido a mi preferencia de la gestión comercial frente a la del marketing —y siendo de aquellos que predican a los cuatro vientos que «lo que no son cuentas son cuentos»—, lo primero que se me vino a la cabeza fue: «bueno, ya están los marketinianos haciendo difícil lo fácil e inventando nuevos conceptos para despertar hábitos de consumo de consultoría estratégica».

Sin embargo, una vez que profundizaron en el tema, ante mí se abrió un universo de posibilidades. Por fin se encontraba un puente, previamente inexistente, entre el marketing y la dirección comercial que lograba conectar dos orillas muy cercanas pero distanciadas entre sí. A día de hoy puedo decir que he pasado de ver esta rama del marketing con análisis crítico, a conocerlo en profundidad y a ser un activo defensor de la misma.

De todas formas, siento decepcionar a los marketinianos más ortodoxos, aquellos que creen que la CEM es una inspiración creativa de un gurú, pues de forma metódica y profesional se lleva realizando más de 5.000 años. Tan sólo tenemos que leer memorias de manuscritos mercantiles de los antiguos mercaderes de África, Asia y el Lejano Oriente. Los buenos vendedores, desde el origen del trueque, han sido extraordinarios gestores de las experiencias del cliente para todo su ciclo de vida. Estos ya eran muy conscientes de la existencia de los momentos de la verdad, los puntos de encuentro y el ciclo de vida del cliente, por ejemplo. La honorabilidad de dichos mercaderes o su reputación (es decir, su marca), sus promesas de calidad del producto, el buen precio y sus formas de pago, las entregas tras miles de kilómetros de travesía por la Ruta de la Seda, el empaquetado y su ornamentación, la resolución de incidencias o roturas del producto, los regalos promocionales como hospedaje y alimentación al mercader, todo estaba pensado al milímetro e iba envuelto sobre una estela emocional bien trabajada y estudiada por estos padres del marketing y las ventas. Estos iniciadores ya creaban experiencias sorprendentes y memorables dignas de admirar en los tiempos que corren.

Sin embargo, a día de hoy, en el mundo global en el que nos encontramos, los nuevos mercados y canales hacen que diseñar, gestionar, medir y controlar una CX efectiva se haga una tarea muy compleja incluso para los vendedores y las compañías más brillantes e inspiradoras del planeta. Es fácil controlar la vivencia por la que va a pasar el cliente en una empresa con 100 clientes, pues se les tiene cerca y, si algo no les gusta, se les va a notar de inmediato, ya sea mediante una comunicación no verbal algo áspera o por un comportamiento distante. Pero ¿qué pasa si tenemos 150.000 clientes? ¿O una fuerza de ventas de 4.000 vendedores? ¿O 35.000 tiendas abiertas al público? ¿O 20.000 telefonistas atendiendo reclamaciones e incidencias y 525 millones de visitas a la web? ¿Es entonces posible controlar la experiencia que desea ofrecer la empresa al cliente o usuario de su producto y servicio?

Es por todo esto por lo que junto con mis compañeros de Brain Trust Consulting Services y los profesores del programa Customer Experience

Management de IE Business School decidí desarrollar este manual. Nuestro objetivo era poder hablar un mismo idioma, medir y controlar nuestras acciones en conjunto y no jugar al teléfono escacharrado cada vez que diseñábamos el ciclo de vida del cliente, sus momentos de la verdad o, incluso, un modelo de la voz del cliente para lograr información por la cual regir nuestro criterio analítico.

Uno de los grandes problemas de la CEM ha sido que se ha dado la responsabilidad para la dirección de la CX a gente que vendía un cambio, pero que ofreció superficialidad y derroche de recursos. Pintando la mona de colores no llegamos a ningún sitio. Hay que tener mucho cuidado con esto. La CEM es mucho más; es rigor, método y control científico. Sin aspavientos ni impulsos. Sin modas caprichosas según las cuales «si tú lo tienes, yo también lo quiero». Según una CEM seria y efectiva, la personalidad de la compañía junto con el conocimiento en profundidad del cliente y de la competencia es lo que determina la experiencia única que se quiere ofrecer durante todas las interacciones con el mismo. Priman más el rigor y el criterio basados en la sinceridad con uno mismo para ser auténtico que el presupuesto que se destinará al cambio. Priman más la pureza y la esencia de la corporación que los grandes gurús con ideas revulsivas. No olvidemos que no es tan difícil crear experiencias memorables y, además, estas no son caras de implantar, pues a veces es muy sencillo –y barato– generar sorpresa e impacto positivo siendo simplemente sincero y directo, una actitud tan vital y, a su vez, tan poco común en el escenario actual marcado por el exceso.

Gran parte del libro vamos a centrarlo en aspectos emocionales e intangibles, más afines a lo metafísico y lo romántico que a lo pragmático y objetivo. Hemos intentado desarrollar un manual de CEM dirigido a los profesionales de la materia que se quieran distanciar de aquellos que entienden la gestión de la experiencia como algo que se cuelga del débil alfiler que sostienen las teorías basadas en el efecto ¡guau!, los olores corporativos o las emociones positivas que generen afecto. Un lenguaje que sólo usa aquel que nunca ha tenido que presentar ante un comité de dirección o consejo de accionistas planes estratégicos basados en el diseño, implantación, medición y control de una experiencia sostenida, unificada y *brandeada* (si se puede decir así) para todas las interacciones con el cliente con el fin de lograr un valor diferencial competitivo en mercados maduros donde vender más barato ya no es posible.

Para llegar al estado de autoconocimiento corporativo, liberación de juicio y, finalmente, autoafirmación corporativa para asumir la filosofía CEM dentro de la empresa, con el fin de exponer a los cuatro vientos y de forma orgullosa «yo soy así y así quiero que me recuerdes», para lograr por parte del cliente un pensamiento similar al de «tú nunca me fallas, pues tú siempre sabes qué es lo que me gusta», hemos desarrollado este manual apoyándonos en una estructura sostenida por cinco pilares.

En el capítulo 1 realizamos un viaje por el marketing tradicional, relacional y experiencial. Vemos cómo se trabaja la diferenciación competitiva en mercados maduros, iniciándonos en los principios de la CEM.

En el capítulo 2 asentamos los conceptos experienciales como vivencias, emociones y percepciones, exponiendo las bases del neuromarketing para conocer cómo trabaja nuestro cerebro.

En el capítulo 3 exponemos cómo se comienza a trabajar en la construcción de una experiencia única y deseada. Entramos a conocer modelos de gestión como la pirámide de la experiencia, *customer journey,* TP o momentos de la verdad para finalizar con un apartado basado en conclusiones sobre qué funciona y qué no dentro de este ámbito de actuación. Y terminamos con un apartado que consideramos clave: cómo crear un compromiso experiencial dentro de la compañía, primer paso fundamental para iniciar la construcción de una empresa basada en la CEM.

En el capítulo 4 nos metemos en materia técnica, objetiva y analítica para explicar los modelos de medición y cuadros de mando para conocer e identificar a nuestro cliente con el fin de saber qué experiencia dar. Profundizamos en la nueva segmentación basada en arquetipos conductuales y análisis etnográficos, revisamos las distintas y actuales formas de diseñar modelos basados en la voz del cliente y terminamos con la clave esencial de la fuente de información para iniciar la CEM: la innovación cocreativa.

En el último capítulo traemos la teoría a la tierra y exponemos una metodología formada por cuatro etapas para asumir un proyecto de CEM desde cero, pasando por todas las circunstancias posibles dentro de una corporación. Una vez terminado el recorrido completo por la CEM, ofrecemos al lector tres escenarios distintos basados en crear una medición y un control para la optimización de la experiencia de cliente en canales remotos (C&CC).

Antes de que el lector inicie una lectura corrida del presente libro, nos gustaría aclarar que este se ha diseñado para ser un manual de consulta. Por ello habrá partes del libro que para algunos podrán parecer algo obvias, pero para otros, por el contrario, serán necesarias para su completo entendimiento. También cabe resaltar que el libro está vivo, es decir, cada lector tendrá que amoldarlo a su manera (o el de la compañía para la que trabaja) y aplicar las técnicas que aquí se exponen incorporando ideas nuevas. El manual no pretende defender una ideología CEM ni que los modelos aquí expuestos son los únicos válidos para lograr el éxito, pues desde IE Business School y Brain Trust Consulting Servicies sostenemos que el don de la excelencia es la capacidad de amoldar la ciencia y la técnica a la sabiduría de cada uno. Por todo esto, animamos al lector a que se exprese y desarrolle como profesional: suéltate de la barandilla y crea tu propio modelo.

Ya para finalizar, sin ánimo de adelantarnos a la materia del libro, tan sólo permítenos despedirnos diciéndote que para desarrollar un servicio experiencial memorable, al igual que en la vida misma, el camino más corto hacia al éxito es la valentía de hacer las cosas como realmente uno siente y quiere hacerlas, y no como se deberían hacer o como las están haciendo los demás. Quizá al principio no demos con la tecla, pero estaremos encaminados a encontrar un marco de diferenciación clave que rija nuestra estrategia. El camino más corto siempre es para los valientes. A mis alumnos les suelo decir que vender es hacer ver y sentir al oyente lo que uno ve y siente. Y, para ello, es necesario saber qué es lo que uno ve y creérselo. Si no es así, el cliente verá y sentirá nuestra duda, ambigüedad y falsa serenidad. Y, a pesar de que nos haya podido comprar, andará de puntillas, mirando a ambos lados, esperando que alguien le proporcione lo que nosotros, por miedo, no hemos sido capaces de ofrecerle.

Por último, queremos solamente decirte que estamos viviendo una transformación en el mundo de la empresa en la que parte de los departamentos de estrategia, inteligencia competitiva, marketing, servicio al cliente o calidad se están fusionando en uno que se denomina de Experiencia de Cliente, hasta tal punto que en pocos años existirá la figura del director ejecutivo para clientes o *chief customer officer* (CCO) e, incluso, auguramos compañías en las que los departamentos no sean los tradicionales, sino que tendrán los nombres de cada una de las etapas del ciclo de vida prefijado, asumiendo dichos departamentos sus propios directores de marketing, recursos humanos, entre otros, y todo gracias a esta revolución que, lejos de quedarse en una simple moda, ha venido para quedarse y abrir nuevos caminos aún insospechados para lograr alcanzar la excelencia comercial.

01
La diferenciación frente a la competencia en mercados maduros

José Luis Ruiz, miembro fundador de Brain Trust CS y responsable de Experiencia de cliente y *user experience*.

1. La comoditización de los productos en mercados maduros

Todas las empresas, todos nosotros en nuestro entorno profesional, lo que buscamos de forma última y finalista es diferenciarnos de nuestros competidores con el fin de obtener una ventaja competitiva sobre ellos que mejore nuestros resultados, normalmente a costa de los suyos.

Aunque puede resultar obvio, merece la pena recordar que competir se fundamenta en disponer de una ventaja competitiva, esto es, diferenciarse del resto de las empresas del mercado de una u otra manera, de forma que el cliente nos elija a nosotros o nuestros productos y no a nuestra competencia.

De forma tradicional las empresas se han esforzado en competir para ganar clientes o sencillamente incrementar sus ventas basándose en la famosas cuatro P del marketing: promoción, precio, producto y *place* (ubicación en inglés). No cabe duda de que dicho paradigma sigue siendo válido y podemos ver como continuamente se van mejorando los productos y servicios, los precios van disminuyendo y la promoción se vuelve cada vez más sofisticada y adaptada a cada tipo de cliente.

Sin embargo, podemos comprobar que a medida que los mercados van madurando, los productos y servicios que se ofrecen al mercado por las diferentes empresas son cada vez más iguales o indiferenciados, lo que se traduce en que resulta cada vez más difícil distinguirse de la competencia por lo que se ofrece. Este fenómeno es conocido como comoditización de los productos y servicios: el producto en sí mismo se convierte en un factor higiénico idéntico o prácticamente igual al que ofrecen los competidores y absolutamente indistinguible para una mayoría importante de los potenciales clientes.

La comoditización de los productos y servicios tiene muchos efectos sobre los mercados en los que incide, ya que lleva a las empresas a intentar diferenciarse a través de otros elementos, como el precio, la promoción o la ubicación, lo que ineludiblemente genera una tendencia a ingresar menos o gastar más para sobrevivir, entrando así en un círculo vicioso que erosiona la cuenta de resultados y pone en peligro la propia supervivencia de la compañía en el mercado.

Esta expresión sobre poner en peligro la supervivencia de la compañía puede parecer exagerada. Sin embargo, debemos saber que la supervivencia de las empresas en el tiempo es algo extraordinariamente difícil incluso para las más exitosas debido precisamente a la competencia, lo cual es algo de lo que muchas veces no somos conscientes.

En 1987 la revista *Forbes* realizó un estudio conmemorativo sobre la evolución de la lista de las 100 mayores empresas (Forbes 100) desde su primera publicación en 1917. El resultado fue demoledor: de las 100 mejores empresas de 1917, 61 habían desaparecido 70 años después; de las 39 supervivientes, sólo 18 estaban entre las 100 más grandes; además, esas 18 supervivientes habían evolucionado un 20% peor que el índice general del mercado bursátil entre 1917 y 1987; sólo dos (el 2%) habían superado realmente al mercado en ese periodo de 70 años (General Electric y Kodak) y de esas dos ahora podemos decir también adiós a Kodak. Es decir, sólo ha quedado una.

Por si estos resultados eran casuales o motivados por factores no directamente relacionados con la competencia (guerras mundiales, Gran Depresión, entre otros), los mismos autores del estudio sobre la lista Forbes 100 (Dick Foster y Sarah Kaplan de McKinsey) examinaron la lista Standard & Poor's 500, que se había inaugurado en 1957. Concluyeron que 40 años más tarde sólo 74 de las 500 empresas iniciales estaban vivas todavía, lo que significa que más del 80% había desaparecido. Y de las 74 que quedaban, sólo 12 (el 2,4% del total) habían evolucionado por encima del mercado en ese periodo de 40 años.

Ahora, con los datos encima de la mesa, parece claro que competir no es fácil, incluso para los más grandes y exitosos. Al cabo del tiempo la competencia alcanza a todos los que no evolucionan e innovan de forma continua, y dicha guerra lleva en la mayoría de las ocasiones a la desaparición de la compañía.

Viendo estos resultados cabría preguntarse si realmente es posible encontrar ventajas competitivas de forma continuada en el tiempo a fin de impedir que la competencia no nos acabe alcanzando y llevando al círculo vicioso que aboca a la extinción.

Harley Manning y Kerry Bodine[1] plantean que las ventajas competitivas en las que se han venido apoyando las empresas en el pasado, como la optimización de las líneas de fabricación, una poderosa red de distribución o tecnologías de la información, no podrán salvar a las compañías en el futuro, ya que una por una todas ellas se han ido comoditizando. En la actualidad cualquier compañía e incluso un autónomo con su teléfono inteligente tiene acceso a factorías y redes de suministro globales y a través de Internet puede acceder a los más potentes recursos informáticos que existen sin necesidad de inversión alguna (proveedores de programas informáticos y de almacenamiento de datos en la nube o *cloud providers*).

Por tanto, los clientes tienen más poder que nunca. Gracias a las redes sociales, el Internet móvil y los foros de consumidores es fácil saber más sobre los productos, la competencia y el precio que los propios vendedores. Realmente ha llegado para quedarse la era del cliente, y toda ventaja competitiva deberá estar basada en él, lo que va a obligar a una profunda transformación de las organizaciones y empresas que deseen sobrevivir.

2. Competir teniendo en cuenta la experiencia: antecedentes históricos

Como consecuencia de la crisis del petróleo de 1980 las líneas aéreas SAS sufrieron dos años consecutivos de pérdidas después de 17 años correlativos de ganancias. Entonces pidieron a Jan Carlzon que asumiera la responsabilidad de sacar adelante a la compañía. Jan provenía de liderar otra compañía en apuros, donde había superado la crisis en base a recortes. Sin embargo, lo que estaba pasando en SAS era algo diferente que necesitaba de un enfoque nuevo, nunca visto antes de aquel momento.

En un principio, lo que hicieron fue aplicar las mismas recetas, recortando de todas las actividades y de todos los departamentos. Esta medida consiguió ahorrar en servicios a los que la compañía podría renunciar, pero también llevó a la eliminación de algunos servicios a clientes. Una vez que SAS recortó todos los costes posibles, los resultados siguieron sin llegar, por lo que decidieron que realmente la única solución para afrontar con éxito el problema era aumentar los ingresos. En otras palabras, era necesario crear una nueva estrategia empresarial. Tenían que conseguir ofrecer el mejor servicio de todas las aerolíneas del mercado. Para lograrlo se propusieron llegar a ser conocidos como la mejor línea aérea del mundo para todos aquellos que realizaban viajes frecuentes, sobre todo de negocios.

Con este nuevo enfoque, lo que hicieron fue dejar de considerar los gastos como algo negativo que debiéramos minimizar y empezar a considerarlo como un recurso para mejorar la competitividad. Tenían que invertir para mejorar el servicio, aunque ello supusiera aumentar los gastos de operación.

Después de analizar en detalle la empresa y sus procesos, Carlzon se planteó un problema que tal vez toda empresa tiene, pero que él veía preocupante en SAS: la falta de toma de decisiones por parte de los empleados. Cada trabajador desempeñaba labores diferentes, pero a veces por miedo a la toma de decisiones con respecto al jefe en algún momento no daba una solución rápida e inmediata a quien lo solicitaba.

En este contexto, el nuevo presidente de SAS conoció el caso real de Rudy Peterson. Rudy era un hombre de negocios que en una ocasión en que se encontraba de viaje en Estocolmo olvidó en el hotel su billete para volar a una importante reunión. Al darse cuenta en el aeropuerto de su olvido, se lo comentó a un empleado de SAS, que de inmediato le proporcionó un billete provisional, y posteriormente envió a buscar el billete al hotel. Gracias a estas gestiones Rudy Peterson no perdió el avión y recordará para siempre el trato que recibió de SAS en un momento importante para él.

Este caso abrió los ojos a Jan. Todos los empleados, desde el más alto ejecutivo hasta los empleados de *check-in,* debían estar enfocados a brindar servicio al cliente. Para ello todos los empleados recibieron un curso de formación especial sobre cómo proporcionar servicio: el cliente era lo importante.

Distribuyeron un pequeño libro titulado *Comencemos a luchar.* Estaba claro que al difundir responsabilidad y comunicar la nueva visión a todos los empleados se estaba exigiendo más de estos últimos, pero también se incrementaba su implicación con la compañía.

La nueva energía de SAS era el resultado de 20.000 empleados orientados hacia el servicio. Así es que decidieron crear una clase especial para los viajeros de negocios, el EuroClass; establecieron que las diferencias entre las clases de viajeros fueran palpables y, a nivel estratégico, apostaron por los viajes de negocios creando esta nueva forma de viajar. En términos generales, se crearon salas más cómodas y con acceso a teléfono, asientos cómodos, mejor comida y atención especializada. Esto generó un aumento importante en el número de pasajeros y, por consiguiente, en los ingresos. Es decir, habían conseguido incrementar el nivel de rentabilidad de la compañía invirtiendo en el mercado, en los clientes y en los empleados.

A partir de su experiencia en SAS, en 1985 Jan Carlzon publicó un libro[2] en el que relataba el proceso de cambio que abordaron para evolucionar de la visión de producto que imperaba en su sector a la visión del pasajero o cliente y los TP y momentos de verdad críticos.

Hace casi 30 años, Carlzon escribía algo que todavía hoy nos podría parecer revolucionario:

> «En SAS solíamos considerarnos como la suma total de nuestros aparatos, nuestras bases de mantenimiento, nuestras oficinas y nuestros

procedimientos administrativos. Pero si preguntan a nuestros clientes acerca de SAS, no te hablarán de nuestros aviones, de nuestras oficinas ni del modo en que financiamos nuestras inversiones de capital. Por el contrario, hablarán acerca de sus experiencias con la gente de SAS. SAS no es solamente un conjunto de activos materiales, sino también, e incluso más importante, la calidad del contacto entre un cliente individual y los empleados de SAS que atienden al cliente directamente».

3. Bienvenidos a la economía de la experiencia como ventaja competitiva

B. Joseph Pine II y James H. Gilmore publicaron en 1998 un influyente artículo[3], que comenzaba respondiendo a la pregunta «¿cómo cambian las economías?» con el gráfico ejemplo gastronómico de la evolución del pastel de cumpleaños:

> «Toda la historia del progreso económico puede ser recapitulada en la evolución en cuatro etapas del pastel de cumpleaños. Como vestigio de la economía agraria, las madres hacían los pasteles con los componentes disponibles en una granja (harina, azúcar, mantequilla y huevos) que todos juntos costaban unos meros céntimos. A medida que la economía industrial basada en productos avanzaba, las madres pagaban un dólar o dos a la marca de ingredientes precocinados Betty Crocker. Posteriormente, cuando se aposentó la economía de servicios, los atareados padres realizaban pedidos de pasteles a las panaderías o tiendas de alimentación, los cuales a 10 o 15 dólares costaban diez veces más que los ingredientes empaquetados. Ahora, a finales de los noventa, los padres ni hacen el pastel ni organizan la fiesta. En su lugar se gastan 100 dólares o más para subcontratar el evento completo [...]. Bienvenido a la emergente economía de la experiencia».

B. Joseph Pine II y James H. Gilmore sugieren que la economía global ha alcanzado un nuevo ciclo evolutivo de la progresión del valor económico, en donde el nuevo campo competitivo no es ya el de los servicios, sino el de las experiencias. Nos dicen que hoy se puede identificar y describir este nuevo ofrecimiento económico porque los consumidores desean experiencias, y cada vez más empresas responden diseñándolas y promoviéndolas explícitamente. Mientras que los anteriores ofrecimientos económicos –materias primas, productos o servicios– eran externos al comprador, las experiencias son inherentemente personales, existen solamente en la mente del individuo que ha sido emocional, física, intelectual o incluso espiritualmente estimulado.

Los autores dan un paso más al hablar de la posibilidad de incorporar un diseñador de experiencias acompañando al diseñador de productos y al diseñador de procesos. Así como los productos y servicios derivan de un proceso iterativo de investigación, proyecto y desarrollo, las experiencias derivan de un proceso de exploración, definición y montaje para la entrega al cliente.

Este artículo marca un antes y un después de la economía, ya que plantea, por un lado, un cambio en las necesidades de los clientes, pero, por otro, abre por primera vez un campo nuevo en el que construir la ventaja competitiva: la experiencia de cliente (CX, por las siglas en inglés de *customer experience*).

«Si no tienes una ventaja competitiva, no compitas», decía Jack Welch, que fue consejero delegado de General Electric. Si bien no todas las experiencias son iguales ni son percibidas de la misma forma por personas diferentes, la realidad es que nuestros clientes viven experiencias siempre que interactúan con la compañía, al utilizar el producto o servicio y al recibir estímulos de la marca, tanto si son bajo el control de la empresa como si son de forma indirecta y, por lo tanto, no controlables por nosotros.

La mayor parte de las veces que un cliente se relaciona con la compañía lo hace de forma que su experiencia con nosotros es irrelevante para él, es decir, ocurre nada más y nada menos de lo que se suponía que debía suceder (¡faltaría más!) y, por lo tanto, difícilmente recordará su experiencia con nosotros. Es lo que se suele denominar como factores higiénicos (la web funciona, recibo la información, me contestan educadamente, por ejemplo). En estos casos, a lo máximo que podemos aspirar es a no defraudar al cliente y, por lo tanto, a no perderlo.

Sin embargo, en ocasiones ocurre algo especial, a veces provocado porque se produce un error en nuestro producto o servicio y el cliente debe reclamar (me han cobrado de más en la factura o no he recibido lo que pedí); otras veces porque nos encontramos ante una situación realmente importante para el cliente, normalmente no provocada por nosotros, pero en la que participamos de una u otra forma (un accidente o siniestro, me han robado la tarjeta); y con menos frecuencia porque la compañía supera completamente las expectativas del cliente en una transacción que en principio era totalmente normal (invitan a viajar gratis a mi pareja, me recompensan por cumplir un año en la compañía). Todas estas situaciones tienen algo en común: generan emociones en el cliente (frustración, inseguridad o incertidumbre en el primer ejemplo, ansiedad o preocupación en el segundo, o sorpresa en el tercero).

Pero ¿por qué son importantes las emociones? Porque cuando estas aparecen es cuando realmente recordamos lo que sucedió (ver la teoría del marcador somático del neurólogo portugués Antonio Damasio en el apartado 5). No nos acordamos de la última gestión que hicimos con la empresa, pero sí de qué sucedió en aquella ocasión en las que había tantas emociones de por medio. En el futuro, cuando tengamos que tomar decisiones tales como qué compañía recomendar a un amigo o familiar para hacer tal cosa, decidir si comprar un nuevo producto o dejar de ser cliente de la compañía, lo haremos a partir del recuerdo y la vinculación emocional que tenga con la compañía.

Esta reflexión nos debe llevar a pensar primero en qué hacer para identificar esos momentos en que debemos poner especial atención para que la experiencia que generemos sea positiva (momentos de la verdad) y, en segundo lugar, en cómo conseguir que en momentos transaccionales absolutamente normales el cliente experimente una emoción positiva a través de la superación de sus expectativas.

En el primer caso se trata de buscar primero esos momentos de la verdad (reclamaciones, atención de siniestros, pérdida tarjetas) y después articular mecanismos y procesos que garanticen que en dichos momentos la experiencia entregada por nuestra compañía resulta realmente diferencial. Ello implica no sólo definir la experiencia que quiere entregarse, sino también implicar al personal de nuestra compañía en la importancia de entregarla en ese momento y además monitorizar que se está entregando correctamente.

En el segundo caso, cómo conseguir que en momentos transaccionales absolutamente normales el cliente experimente una emoción positiva a través de la superación de sus expectativas, es necesario tener claro lo que comentábamos: no todos experimentamos una misma realidad de la misma forma. Por ello para establecer medidas que realmente superen las expectativas de nuestros clientes deberemos trabajar dividiéndolos en grupos con comportamiento e intereses similares y definiendo iniciativas diferenciadas para cada uno de los grupos establecidos.

Finalmente, lo más importante de todo es cómo conseguir que todo lo anterior sea sostenible en el tiempo y no acabemos haciendo lo que todos hacen justo en el momento en que pretendemos sorprender. Por eso deberemos trabajar el diseño de experiencias observando periódicamente, por un lado, el comportamiento de nuestra competencia y, por otro, las mejores prácticas en otros sectores que aunque no se encuentren directamente conectados con nuestro negocio sí pueden influir en lo que nuestro cliente espera. Sólo así conseguiremos crecer a través de nuestros clientes y que este crecimiento se mantenga en el tiempo.

4. Visualizando la experiencia que se desea entregar: anticipación, vivencia y recuerdo

El objetivo es tratar de analizar todo el recorrido que hace el cliente para tratar de aportar aspectos innovadores. Para realizar este análisis conviene pensar que cuando un cliente va de compras pasa por una serie de fases de diferente naturaleza y ritmo. No espera lo mismo el cliente cuando llega con el coche y busca aparcarlo que cuando está haciendo cola para pagar. Cada uno de estos pasos es diferente para él y debe analizarse de forma separada.

Para el análisis del *customer journey* debe considerarse que el proceso de compra empieza antes de entrar en la tienda (en casa, al planificar la compra, al buscar información en Internet) y termina bastante después de salir de ella (por ejemplo, al llevar los paquetes a casa, al desembalar el producto). Si se analiza este proceso fase a fase, se tiene más oportunidad de innovar. Los pasos antes y después de la tienda también forman parte de la experiencia de compra, que luego pasa a la memoria e incide positiva o negativamente en la siguiente decisión sobre dónde ir a comprar.

También debe considerarse en el análisis la tipología, segmento o grupos de clientes que la tienda quiera atraer. Es esencial investigar las expectativas y percepciones de cada tipología, ya que pueden ser muy diferentes.

Finalmente, en el análisis del recorrido del cliente debemos tener en cuenta su situación o contexto, ya que nos va a permitir ofrecerle experiencias diferenciales. Por ejemplo, si un cliente llega a la tienda con su teléfono móvil estropeado, tenemos una mayor oportunidad para generarle un impacto emocional si le ofrecemos una buena solución. De cara al análisis, el contexto y la tipología del cliente pueden también analizarse conjuntamente, puesto que en muchos casos la separación de la tipología del cliente según su contexto puede ser muy útil para establecer experiencias diferenciales.

Una vez analizado el *customer journey* y definidas las innovaciones que deseamos implantar, uno de los problemas importantes al que suelen enfrentarse las iniciativas de mejora de la CX es la medición de sus resultados, ya que de otro modo es muy difícil mantener la estrategia. En muchos casos, las mediciones las realizan las antiguas áreas de calidad reconvertidas a CX según medidas relacionadas con aspectos intangibles o con el cumplimiento de expectativas del cliente, y no se plantea desde el comienzo incorporar a los cuadros de mando objetivos de negocio medibles *(economics)* junto con datos obtenidos por la fuerza de ventas.

No podemos evaluar, por ejemplo, un proceso de compra desde el punto de vista de la calidad de servicio, ya que siempre que no haya habido incidencias en el proceso, normalmente un cliente dará una valoración positiva. Si hablamos con un cliente y le preguntamos si está satisfecho con su compra en nuestra tienda y con la atención del personal, es muy probable que nos diga que sí si no ha tenido ningún problema, y en caso de pedirle una valoración la nota será alta.

Pero si lo que buscamos es saber si al cliente le hemos creado un recuerdo especial de su experiencia de compra y si ese recuerdo influirá en su comportamiento futuro, como volver a comprar o recomendar la tienda a amigos y familiares, que es lo que realmente va a mejorar nuestro negocio, no debemos preguntar al cliente por su satisfacción, ya que esta no evalúa su experiencia.

Para poder gestionar la CX, por supuesto que el modelo de medición debe tener controlados los indicadores básicos, como la satisfacción, pero para realmente aprovechar esta información y generar experiencias memorables debemos contar con modelos más avanzados que vayan más allá de la satisfacción y se vinculen con los resultados de negocio.

5. El proceso emocional en la toma de decisiones del cliente

En pocos años, hemos pasado de un concepto de marketing centrado en la transacción comercial, el corto plazo, el producto antes que el cliente, la captación para la venta y los vendedores como agentes únicos de la venta (concepto bautizado como marketing transaccional) a un concepto donde ya el cliente es alguien fundamental: el marketing relacional.

El marketing relacional se define como el proceso social y directivo de establecer y cultivar relaciones con los clientes, creando vínculos con beneficios para cada una de las partes implicadas, incluyendo a vendedores, prescriptores, distribuidores y cada uno de los interlocutores fundamentales para el mantenimiento y exploración de la relación. El marketing relacional parte de la premisa de que toda actividad comercial se basa en las relaciones, y por ello utiliza todas las técnicas a su alcance, incluyendo las últimas tecnologías en comunicación y producción, para convertir cualquier contacto con un cliente real o potencial en una relación duradera y satisfactoria para la marca y el consumidor.

Como vemos, el marketing como disciplina ha buscado desde siempre maximizar las ventas, conseguir beneficios económicos aprovechando todo lo que rodea al producto o servicio que damos. Con ese objetivo ponemos en valor frente al cliente todas aquellas características del producto o servicio que creemos que le van a atraer. Incluso en el marketing relacional segmentamos a los clientes para ofrecerle a cada uno de ellos las características más adecuadas a su segmento. Instalamos en nuestras empresas herramientas de gestión *costumer relationship management* (CRM) –es decir, la administración basada en el cliente– para que, con nuestra cartera de clientes, podamos enfocar el tiro y, con la cartera de clientes que tenemos, saber cómo venderles y qué. Una vez que tenemos caracterizado el producto o servicio, centramos nuestro esfuerzo en ver las necesidades del cliente, en los canales de los que dispone, incluso en la satisfacción que ha tenido en la compra realizada, pero nos olvidamos de algo fundamental: hay que entender al cliente para poder comunicarnos con él, para ayudarle, para que se vincule emocionalmente con nosotros, y que la consecuencia de todo ello sea la venta. En este nuevo paradigma de contar con las emociones del cliente es donde nos encontramos con el marketing experiencial.

Se trata de pasar del concepto «conozco al cliente» (herramientas CRM) al concepto «entiendo al cliente» (marketing experiencial). El marketing relacional estudia y se centra en ver las diferencias que tienen nuestros clientes para maximizar nuestra relación. El marketing experiencial va un paso más allá: los clientes tienen emociones, como tú y como yo. Estudiemos las emociones que queremos que tengan nuestros clientes al interactuar con nuestra marca, producto o servicio para conseguir que no sólo nos compren, sino que se vinculen con nosotros, que se hagan fans, que nos promocionen entre sus amigos, que sean prescriptores nuestros.

Pensemos en este ejemplo: ¿cómo se construye un socio de un equipo de fútbol? Por ejemplo, en equipos muy conocidos, como en los casos del Real Madrid y del Atlético de Madrid. Más allá de las tradiciones familiares, lo que más pesa es la emoción. La emoción que sientes al ver a tu equipo ganar e incluso la emoción que sientes al ver a tu equipo perder. Algunos aficionados del Real Madrid no entienden cómo se puede ser hincha del Atlético (bueno, últimamente esto está cambiando…). ¿Cómo es posible que se sientan los colores de un equipo? ¿No sería más lógico ser siempre del equipo que más gana y más nos hace disfrutar de lo bien que juegan los jugadores? La respuesta es no. Somos de un equipo por un vínculo emocional. Nos recuerda a cuando íbamos al campo con nuestro abuelo, o cuando vimos aquel partido maravilloso, o cuando…

Nos recuerda una emoción que sentimos cuando tuvimos determinados TP con el equipo, con la marca, con el producto. Las emociones determinan nuestra toma de decisiones a la hora de pertenecer a un equipo de fútbol, a la hora de elegir a nuestros amigos, a la hora de cambiar de trabajo, a la hora de ir al bar de siempre, a la hora incluso de comprar nuestro coche y ¡a la hora de comprar también!

Hay ejemplos ya clásicos. Mientras que toda la vida, después de comer, hemos tomado un café y lo hemos asociado a un producto barato y corriente, ahora por un café estamos dispuestos a pagar altas cantidades (ya sea por tomarlo en un sillón con wifi en un entorno agradable y cómodo con amigos, o por hacérselo uno sólo —o también con amigos— en una máquina de diseño). Por no hablar del agua mineral, cuyos envases vemos en algunas casas reaprovechados. Asociamos productos a estilo de vida, a experiencias. Tomamos decisiones según las emociones que sentimos en nuestra experiencia de consumo.

Un ejemplo clásico ya, el «te gusta conducir» de la marca de automóviles BMW, ha evolucionado hacia la *driving experience* (la experiencia de conducir) y ha incorporado la experiencia de vivir y conducir BMW (BMW *driving experience* interpela directamente a las emociones al conducir un BMW: el placer de conducir) como un valor clave dentro de la propia marca.

Las decisiones son un proceso emocional. Las emociones determinan la decisión, aunque luego la argumentación sobre la compra se convierta en un proceso racional. ¿Qué es lo que salvamos en un incendio? ¡Los álbumes, los recuerdos!

Como más adelante veremos, sólo cuando aparecen las emociones somos capaces de construir recuerdos. Cuando tomamos decisiones como qué compañía recomendar, qué producto comprar, de qué compañía dejo de ser cliente, siempre lo decidimos sobre una experiencia anterior, sobre un recuerdo y una vinculación emocional que hemos tenido con la compañía. Este proceso de toma de decisiones lo estudió y definió muy bien Antonio Damasio.

Antonio Damasio es uno de los neurocientíficos más importantes en la actualidad. Es profesor de la Universidad Southern California, en donde lleva a cabo sus investigaciones, y en 2005 fue galardonado con el premio Príncipe de Asturias de Investigación Científica y Técnica. Es uno de los autores de referencia en los estudios de neuromarketing, y en sus investigaciones intenta explicar de qué manera influyen las emociones en los procesos de toma de decisiones y razonamiento. Ha desarrollado la teoría del marcador somático, que intenta explicar el mecanismo por el cual los procesos emocionales guían e influyen en la conducta, y especialmente en los procesos de toma de decisiones. Y aunque ha pasado década y media desde su publicación, su teoría está plenamente vigente.

Con ella Damasio explica que somos esencialmente creadores de soluciones para nuestra vida, algunas veces de forma semiautomática consciente, y otras de forma inconsciente o no consciente. En nuestro proceso de aprendizaje, determinados estados somáticos se asocian a clases específicas de estímulos, y nuestro organismo va acumulando múltiples asociaciones del tipo situación/estado somático y va registrándolas, de manera que, ante nuevas experiencias, busca situaciones similares previas en las que apoyarse.

Si ante una nueva experiencia hemos tenido experiencias previas similares con resultados negativos, el marcador somático la rechazará. Al igual ocurre si hemos tenido experiencias previas similares positivas o de éxito: el marcador somático promoverá la decisión.

Antonio Damasio: el caso de Phineas Gage

En el siglo XIX se produjo un hecho que, en investigaciones posteriores, supuso uno de los grandes hitos en la investigación neurocientífica, al poderse demostrar que los lóbulos prefrontales influyen en la percepción de las emociones, la toma de decisiones y el comportamiento.

Antonio Damasio, uno de los neurocientíficos que más ha estudiado el caso (junto con su hija, Hanna Damasio), lo utiliza como caso de referencia en su teoría del marcador somático.

En 1848, Phineas Gage, obrero de ferrocarriles, estaba trabajando en una línea del ferrocarril en Cavendish (estado de Vermont, Estados Unidos) cuando sufrió un accidente por una explosión y una barra de metal de un metro de largo y tres centímetros de grosor le atravesó el cráneo dañándole el cerebro y aterrizó a 30 metros de distancia. La barra le atravesó el córtex cerebral anterior.

Phineas Gage no perdió la consciencia, incluso habló a los pocos minutos, era capaz de andar y no parecía tener daños cerebrales, pues razonaba satisfactoriamente. Incluso en dos meses se le dio el alta: estaba recuperado.

No obstante, luego se comprobó que Phineas Gage sobrevivió al fatídico accidente de milagro, pero a un alto coste. El doctor Harlow, quien le trató durante su accidente, escribió 20 años después:

> «El equilibrio entre su facultad intelectual y sus propensiones animales se ha destruido. A veces está irregular, irreverente, cayendo a veces en las mayores blasfemias, lo que anteriormente no era su costumbre, no manifestando deferencia para sus compañeros, impaciente por las restricciones o los consejos cuando

entran en conflicto con sus deseos, a veces obstinado de manera pertinaz, pero caprichoso y vacilante, imaginando muchos planes de actuación futura, que son abandonados antes de ser preparados...».

Era un niño por su capacidad intelectual y sus manifestaciones, pero con las pasiones animales de un hombre fuerte. Esto contrastaba con el hecho de que previamente al accidente era un hombre responsable.

Según Antonio Damasio[4], «das alteraciones en la personalidad de Gage no eran sutiles. No podía hacer buenas elecciones, y las elecciones que hacía no eran simplemente neutras. Eran claramente desventajosas. No había manera de que los viejos valores pudieran influir en sus decisiones».

02
La gestión de las emociones del cliente

Tomás Ibáñez, director
asociado en Brain Trust CS
para el área de Operaciones
comerciales y de servicio.

1. Los sentidos: clave de la experiencia

Según Bernd H. Schmitt[1], uno de los padres del marketing experiencial, lo que los consumidores actuales desean son «productos, comunicaciones y campañas de marketing que encandilen sus sentidos, les lleguen al corazón y estimulen su mente». Buscan productos que puedan incorporar a su realidad cotidiana, a su estilo. Quieren comunicaciones e interacciones que generen una experiencia.

Para ello el marketing experiencial se debe centrar en cuatro aspectos:

1. Las experiencias del cliente como resultado de las situaciones que vive al interactuar con nuestra marca o producto. Esta vivencia se genera a partir de estímulos que apelan a los sentidos, a los sentimientos y a la razón. Conectan la marca con el estilo de vida del cliente.

2. El examen de la experiencia de consumo, puesto que los clientes piensan en categorías de experiencias holísticas, no en productos específicos. No piensan en un coche, sino en conducir («¿Te gusta conducir?»). No piensan en crema de afeitar, sino en afeitarse, y se preguntan qué productos encajan con esta situación y cuál de esos productos puede mejorar su experiencia.

3. En la parte racional de los clientes, puesto que responden a impulsos emocionales pero también a impulsos racionales. Tienen fantasías,

alegrías, sentimientos, pero también ideas de cómo creen ellos que deben ser atendidos y estimulados de forma emocional.

4. En los métodos de investigación, que son eclécticos. Aunque día a día se está mejorando en la validez y refinamiento de la investigación experiencial, son válidos tanto los métodos analíticos y cuantitativos, las metodologías contrastadas de neuromarketing, como los métodos cualitativos o más intuitivos. Valen tanto las investigaciones de laboratorio como la investigación de mercado o el grupo de discusión (técnica de estudio de opinión llevada a cabo con un grupo de entre seis y doce personas) con entornos y lugares de consumo.

Schmitt, padre del término marketing experiencial, establece en dos de sus trabajos un nuevo marco teórico sobre la generación de experiencias en el consumidor.

Subraya la importancia de ir más allá de la satisfacción y la retención del cliente para llegar a la vinculación emocional que se produce cuando se disfruta una experiencia. Su idea central gira en torno a trabajar el conjunto de interacciones entre un cliente y un producto o servicio para conseguir una experiencia agradable por parte del consumidor. Al tratarse de una experiencia personal, implica la participación del individuo, que será el que realice la evaluación de su experiencia comparando sus percepciones frente a sus expectativas.

El cliente recopila a lo largo de su vida un conjunto de recuerdos en un proceso continuo de aprendizaje, incrementando su nivel de conocimiento. De ahí el carácter intangible y personal de las experiencias, que son las que motivan respuestas e interpretaciones únicas en cada sujeto.

Schmitt identifica una serie de factores que contribuyen al proceso de la creación de la CX. Estos factores conforman lo que denomina módulos estratégicos experienciales o *strategic experiential modules* (SEM), formados por cinco tipos de experiencias diferenciadas:

1. Sensaciones *(Sense)*. La CX está constituida por unos estímulos sensoriales perceptibles a través de los cinco sentidos primarios –vista,

oído, tacto, gusto y olfato–, por lo que debe centrarse en conseguir un impacto sensorial en el individuo.

2. Sentimientos *(Feel)*. La CX estará vinculada estrechamente a las emociones y sentimientos más íntimos de la persona, siendo por tanto el objetivo la generación de una experiencia afectiva hacia la empresa a fin de desarrollar vínculos emocionales (alegría, orgullo, esperanza).

3. Pensamientos *(Think)*. La CX se apoya en el pensamiento y la creación de unos procesos mentales estimulantes basados en la creatividad y en la resolución de problemas directamente por parte del cliente. En este caso se busca el desarrollo de un pensamiento creativo en el individuo hacia la empresa. Schmitt diferencia entre dos formas de pensar:

- De manera inductiva o convergente. Se emplea para resolver problemas bien definidos cuya característica es tener una solución única. El consumidor debe alcanzar un razonamiento único que le lleve a elegir nuestro producto.

- De manera divergente. Este tipo de pensamiento se caracteriza por mirar desde diferentes perspectivas y encontrar más de una solución frente a un desafío o problema. No hay una única solución o elección. Lo que se pretende conseguir es que el consumidor sea parte implicada en la campaña, que tenga que tomar una determinada postura, sea positiva o negativa, pero que participe activamente, lo cual le creará una serie de experiencias y sensaciones respecto al producto o la empresa.

4. Actuaciones *(Act)*. Se plantea la creación de experiencias físicas o corporales, estilos de vida y acciones que contribuyan a enriquecer la vida de los clientes a través de alternativas a cómo hacer tareas cotidianas o simplemente nuevos estilos de vida.

5. Relaciones *(Relate)*. Se trata de promover la incorporación de relaciones de los elementos anteriores (sensaciones, sentimientos, pensamientos y actuaciones). Sin embargo, se incorporan dos elementos

más: el anhelo personal de una mejora continua o superación personal y el deseo de ser percibidos positivamente por otros individuos en el entorno social. De este modo se persiguen unas relaciones más sólidas con la marca en la medida en que esta haga referencia a los sentimientos del individuo hacia la sociedad.

Sin embargo, para la generación de los cinco tipos de experiencias que forman los SEM es necesario lo que Schmitt denomina *Experience Providers* o ExPros. Los ExPros son elementos tácticos dirigidos a crear experiencias basadas en cualquiera de los elementos SEM mediante el uso de las comunicaciones tanto internas como externas en la empresa, el desarrollo de la identidad visual/verbal corporativa (nombre, logotipos, símbolos), la presencia y aspecto del producto (diseño, envase y personajes de marca), las marcas (aparición de nuevos productos, desarrollo de eventos), los entornos espaciales (diseño del establecimiento o del lugar de contacto con el cliente), los sitios web y medios electrónicos (creación de experiencias interactivas) y, por último, el propio personal de la empresa.

La utilización de estas herramientas resulta un elemento muy útil para el desarrollo de ventajas competitivas basadas en la CX tanto a nivel táctico como estratégico. El objetivo sería lograr lo que Schmitt denomina «híbridos experienciales» y «experiencias holísticas». Así por ejemplo, un híbrido experiencial sería una experiencia que combina dos o más elementos SEM (sensaciones, sentimientos, pensamientos, actuaciones o relaciones). La combinación de varios tipos de experiencias da como resultado una experiencia superior que va a generar un grado de éxito mayor. El objetivo sería la consecución de una experiencia holística que combine todos los elementos experienciales posibles y permita así el desarrollo de una experiencia de consumo más sólida y completa para el cliente.

2. Iniciación al neuromarketing: ¿qué pasa en el cerebro del consumidor?

¿Realmente tenemos libre albedrío o somos víctimas de decisiones cerebrales automáticas en muchos casos, y dependientes de interconexiones y experiencias previas, e incluso del condicionamiento genético? A veces, la verdad y lo real están difuminados. Hay experimentos que demuestran que, en realidad, tenemos una atención concentrada sólo en aproximadamente el

75% de lo que pasa a nuestro alrededor. Construimos la realidad basándonos en ese porcentaje, a través de las sensaciones que percibimos por nuestros sentidos, y completamos el resto apoyándonos en vivencias anteriores, experiencias y recuerdos. Percibimos el 100%, pero una parte está soportada por nuestras experiencias anteriores, por nuestras ideas, creencias, esquemas mentales, recuerdos y asociaciones previas.

En un solo milímetro cúbico de tejido cerebral hay unos cien millones de conexiones sinápticas entre las diferentes neuronas. Hoy en día el cerebro, pese a que cada día está más estudiado (los avances en los últimos quince años han sido exponenciales), sigue siendo uno de los retos del conocimiento científico, y queda mucho camino por recorrer. Conocemos cómo se comporta el cerebro ante determinados estímulos, y día a día se va perfeccionando ese conocimiento, pero aún falta mucho por conocer, lo que no significa que lo conocido no sea válido. El neuromarketing es una ciencia naciente, y aunque está en pleno desarrollo y evolución constante, no se entiende el marketing aplicado a la CX sin el neuromarketing como la ciencia que se dedica al estudio del comportamiento del consumidor para entender las decisiones de compra, sus preferencias y, en definitiva, su conducta. El neuromarketing es una nueva forma de conocer al consumidor.

Uno de los ejemplos más clásicos, con el que se puede ver cómo el cerebro interpreta los estímulos y percepciones que tenemos sobre la base de nuestra experiencia anterior, ideas o creencias, es el Desafío Pepsi. Los resultados de estas pruebas ya han pasado a la historia del marketing, demostrando que, aunque la zona responsable de la recompensa positiva del cerebro se activaba con ambos refrescos, sin embargo se identificó que se activaba otra zona adicional del cerebro al conocer la marca (Coca-Cola).

Otro ejemplo más actual lo protagoniza Sony con sus televisiones Bravia. Después de realizar un primer anuncio de sus televisiones, el resultado en ventas no era el esperado. Se aplicaron las técnicas de neuromarketing al anuncio y se observó que el anuncio, con sus explosiones y su música, generaba emociones subconscientes de rechazo, sobre todo cuando se presenta el producto en el bodegón final. Se elaboró un segundo anuncio utilizando las técnicas de neuromarketing y se demostró que tenía un efecto emocional muy positivo tanto en el momento en el que aparece el beneficio fundamental (color) como cuando aparece el producto al final del mismo. Uno de los elementos que más influye en la reacción emocional es la música de ambos anuncios. Uno de los elementos del anuncio de las bolitas que provocaba mayor respuesta emocional era el momento en que saltaba una rana con las bolitas de colores. Ese momento fue el elegido posteriormente para acompañar al producto en la exposición para la venta.

¿Realmente decimos lo que pensamos? David Ogilvy, publicista de gran éxito, decía que «el problema de la investigación de mercado es que la gente no sabe lo que siente, no dice lo que piensa y no hace lo que dice». Sus palabras llegaron al corazón del que aún hoy sigue siendo el mayor desafío del mundo empresarial: ¿cómo se puede averiguar si a la gente le gusta lo que le están tratando de vender? Hay estudios que demuestran que las decisiones de compra sólo tardan 2,5 segundos, y que más del 80% de la decisión es inconsciente o se produce de forma automática. Algunas respuestas pueden estar en el neuromarketing aplicado a mejorar la CX.

Las técnicas de neuromarketing nos ayudan a estudiar y entender cuáles son los efectos de determinados estímulos en el cerebro y en qué medida afecta a la conducta de los posibles clientes. Se aplica a los anuncios publicitarios, a los canales de compra (tienda física, *online*) e incluso al diseño de los productos, al embalaje o *packaging*. Todo influye para conseguir que el cliente tenga una experiencia diferenciadora, positiva y de sorpresa al interactuar con nuestra marca o producto. Hoy en día nos podemos encontrar con dos tipos de metodologías en el campo del neuromarketing:

1. Las que se centran en el uso de las herramientas de la neurociencia para analizar los procesos cerebrales y fisiológicos de la conducta del consumidor (seguimiento ocular *(eyetracking);* resonancia magnética funcional; electroencefalograma [EEG] o *functional magnetic resonance imaging* [FMRI], movimientos faciales).

2. Las que incluyen todas las investigaciones disponibles para analizar la conducta del consumidor, utilizando las técnicas que históricamente han aportado la psicología, la sociología, la pedagogía o la antropología.

Centrándonos en el primer tipo, cada vez nos encontramos con herramientas y dispositivos más sofisticados. Algunos de los más utilizados son los siguientes:

- *Functional magnetic resonance imaging* (FMRI) o resonancia magnética funcional. Es la herramienta más utilizada. Nos proporciona información de las funciones fisiológicas basada en la medición de la actividad cerebral mediante la detección de cambios en la oxigenación y el flujo de la sangre que se producen en respuesta a la actividad neuronal. Cuando un área del cerebro es más activa, consume más oxígeno, y para satisfacer este aumento aumenta la demanda del flujo sanguíneo en la zona activa. Aunque es costosa, es bastante fiable y sus resultados muestran mapas de activación que demuestran qué partes del cerebro están involucradas en un proceso mental particular.

- Electroencefalograma (EEG). La actividad del cerebro emite señales eléctricas, y el EEG, mediante la colocación de electrodos en el cuero cabelludo, registra la actividad eléctrica del cerebro. Hoy en día es bastante accesible, incluso hay cascos que utilizan esta tecnología junto con detectores de movimiento giroscópico de la cabeza y sensores adicionales que registran los movimientos de los músculos de la cara.

- Magnetoencefalografía (MEG). Al igual que el anterior, mide las zonas cerebrales que presentan activación, esta vez magnética, aunque ofrece una calidad de señal superior al EEG, pero tiene un alto coste.

- Tomografía de emisión de positrones (PET). Aunque es una técnica menos usada por ser invasiva y se necesita un escáner para llevarla a cabo, es bastante completa. Mide cambios en el metabolismo del cerebro, además del flujo, volumen y oxigenación sanguínea.

Otras técnicas que cada vez se utilizan más en estudios de neuromarketing, aunque no sean estrictamente neurocientíficas, son las siguientes:

- Seguimiento ocular o *eyetracking*. Metodología por la cual, mediante cámaras de alta velocidad o por rayos infrarrojos, se miden factores como el movimiento del globo ocular, la dilatación de las pupilas y el parpadeo cuando el sujeto es expuesto ante un estímulo, ya sean vídeos o imágenes estáticas. Los resultados muestran qué es lo que más le llama la atención de primera mano (mapa de zona caliente), aunque no registre esos detalles de forma consciente.

Cuadro 2.1 Ejemplo de seguimiento ocular sobre www.braintrust-cs.com

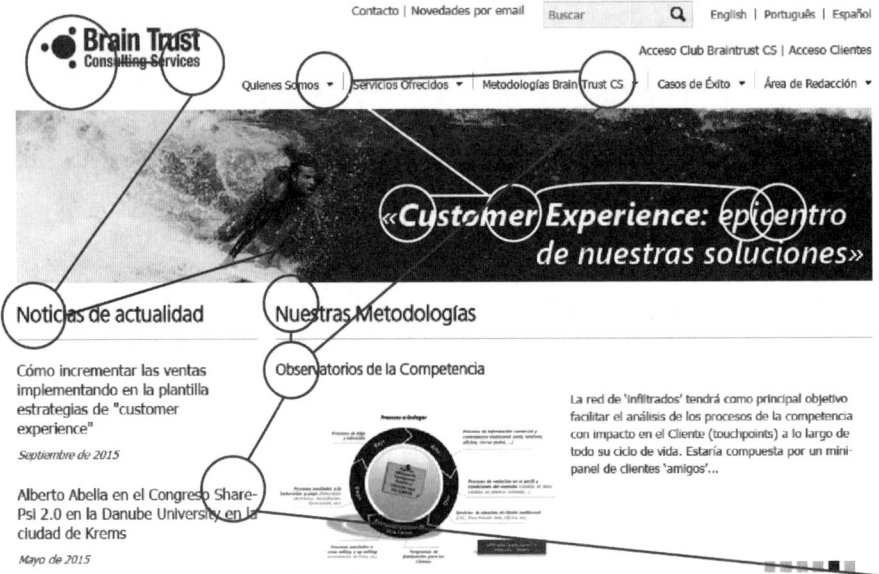

- Respuesta galvánica de la piel o *Galvanic skin response* (GSR). Mide las resistencias galvánicas de la piel, que cambian según nuestras emociones a través de las glándulas sudoríparas, que son abundantes en dedos y manos. A pesar de que este método ofrece información sobre cuándo se está produciendo una emoción, no es capaz de detallar si esta es positiva o negativa, por lo que son necesarias técnicas adicionales para saber si se trata de deseo, miedo o ira, por ejemplo.

- Electromiografía (EMG). En este método se utilizan unas microagujas intradérmicas para medir la actividad muscular, especialmente la facial, ya que esta se encuentra enormemente relacionada con las reacciones y los estados emocionales ante un estímulo. Esta técnica permite captar pequeños y rápidos movimientos casi imperceptibles a simple vista que podrían equivaler a la acción de sonreír, por ejemplo. Este sistema, aunque es algo invasivo, es más completo que el anterior, ya que sí que permite distinguir entre emociones negativas y positivas.

- Ritmo cardíaco. Este método mide la velocidad del ritmo del corazón como indicador de reacciones fisiológicas. Una deceleración o una aceleración están asociadas con un aumento o una actitud defensiva de nuestra atención.

Como curiosidad, hoy en día aplicando técnicas neurocientíficas incluso se han desarrollado drogas cibernéticas a través de diferentes archivos sonoros que, tras ser escuchados con auriculares durante unos 30 minutos, producen efectos muy similares a los de ciertas drogas. Así, inducen al cerebro a sentir tranquilidad, euforia, sedación y alucinaciones tal y como lo hacen drogas reales.

3. La vinculación emocional a través de experiencias. Conociendo sus mecanismos

Cuando pensamos en innovación y calidad de servicios o productos, normalmente se nos ocurren desarrollos relacionados con la tecnología, la mejora de los procesos o la anticipación de necesidades de los clientes, por poner algunos ejemplos.

Mientras que estas estrategias realmente pueden mejorar nuestro negocio y fidelizar a los clientes, lo cierto es que pocas empresas se plantean la gestión del componente psicológico que está en la base de los comportamientos y actitudes de nuestros clientes, y que muchas veces determinan el éxito o el fracaso de las estrategias.

A pesar de la cantidad de investigación y artículos al respecto de cómo gestionar la experiencia de los clientes, muchas de las variables psicológicas clave, que determinan la generación de emociones positivas hacia nuestros productos y servicios, todavía no han sido totalmente definidas y articuladas.

Estamos pues ante una cuestión relevante para nuestros resultados de negocio y para competir que debe ser contemplada como pura innovación en el sentido de que son más las preguntas que las respuestas que plantea y de la que probablemente estemos asistiendo a los inicios de su desarrollo.

Como bien se ha estudiado en psicología, las emociones modulan en buena parte nuestras decisiones. Aunque nos definamos como racionales, la realidad es que muchas veces justificamos con argumentos lógicos los pasos que hemos dado empujados por nuestra parte emocional o intuitiva.

Antonio Damasio demostró que pacientes con lesiones en las zonas cerebrales donde se alojan las emociones eran prácticamente incapaces de tomar decisiones, algunas tan triviales como escoger entre las opciones de un menú en un restaurante.

También se ha estudiado que nuestro proceso emocional y de generación de actitudes no es irracional y responde a patrones adaptativos que nos permiten tomar decisiones más rápidas y efectivas, basadas en secuencias de aprendizaje afianzadas a lo largo de generaciones.

El término emoción y sus correlatos emocionar o conectar emocionalmente son una tendencia ahora mismo de moda en el marketing. Son, sin embargo, términos difusos, que admiten muchas interpretaciones y algunas de las más comunes no nos ayudan a mejorar el negocio: por ejemplo, la tradicional dicotomía entre emoción y razón, en la que los elementos racionales del producto (precio, características) se diferenciarían de los emocionales (marca, imagen), muchas veces en conflicto, parece cada vez más superada como concepto práctico, como luego veremos.

Tampoco nos ayudan expresiones vagas como sentirse bien o tener emociones positivas a la hora de describir la relación emocional del cliente con la marca. Por cierto, que este tipo de descripciones poco concretas proceden de los propios clientes, quienes suelen manifestarse con estos términos en los grupos de discusión o en las encuestas, y que luego trasladamos tal cual como el objetivo a conseguir: «que el cliente se sienta bien con la marca, que tenga emociones positivas hacia la marca». A este respecto, es importante entender que los clientes no son siempre descriptores precisos de sus propias emociones; digamos que no es fácil para nadie explicitar este tipo de aspectos de la propia psicología.

Para entrar en materia de cómo gestionar estos aspectos de nuestros clientes es importante entender cómo funciona nuestro sistema cerebral implicado en la decisión de acuerdo con los paradigmas más recientes de la neurociencia y la psicología.

Relevantes neurocientíficos como Peter Kenning y Antonio Damasio o psicólogos como Daniel Kahneman (premio Nobel de Economía) han investigado ampliamente en la última década los procesos implicados en la decisión, la vinculación emocional y el impacto de todo ello en la actividad económica.

En un experimento de elección de marca, la exposición de sujetos a distintas marcas demostró que los procesos cerebrales de decisión eran diferentes en función del tipo de marca presentada.

Si la marca favorita del sujeto estaba entre las presentadas, la elección era casi instantánea y las regiones del cerebro activadas en ese proceso no eran las de la zona cortical externa, vinculada al pensamiento más reflexivo y elaborado, sino aquellas asociadas al pensamiento intuitivo o emocional.

La investigación más reciente habla de dos sistemas o niveles en nuestro cerebro, N1 y N2, de los que podríamos decir que trabajan en serie a la hora de interpretar y decidir:

• N1 o sistema automático, del que no somos conscientes: gestiona y filtra toda la entrada perceptiva, focalizando la atención sólo en aquello relevante. Se trata de un piloto automático, con gran capacidad de procesamiento y de respuesta rápida, que aprende por asociación de manera lenta y acumulativa.

• N2: sistema racional, que entra en acción para decisiones que requieren flexibilidad o interpretación de la realidad, o bien cuando el N1 detecta contradicciones en su base de datos. Su modo de procesamiento es lento, en serie y consume más energía.

El sistema N1, que es nuestro primer gestor del entorno, condiciona el modo en el que percibimos y valoramos, sopesando el contexto de lo que nos rodea. Las marcas más exitosas, las que tienen más fans, son las que son procesadas en el sistema N1. El resto, por el contrario, activa el sistema N2, lo que implica que el cliente tenga que pensar antes de decidirse por ellas.

En este esquema de funcionamiento, la función de las emociones es dar retroalimentación o *feedback* de los resultados de nuestros actos y decisiones en cuanto a satisfacción de necesidades o cumplimiento de objetivos conseguido.

En un sentido operativo definiremos emoción como el estado positivo, negativo o neutro que experimentamos como resultado (o anticipación del resultado) de una acción hacia la consecución de un objetivo o necesidad[2].

Las emociones actúan también como poderosas señales de memoria y anticipación para futuros procesos de decisión.

De lo anterior se deriva una consecuencia importante: que las emociones no son útiles a la hora de diseñar experiencias, sino que son más bien el resultado de las experiencias. Los elementos a considerar para el diseño y la gestión serán las necesidades y objetivos del cliente que actúan como estímulo del comportamiento y los sistemas de comportamiento y decisión N1 y N2.

Cuadro 2.2 Esquema del proceso de decisión e implicación emocional

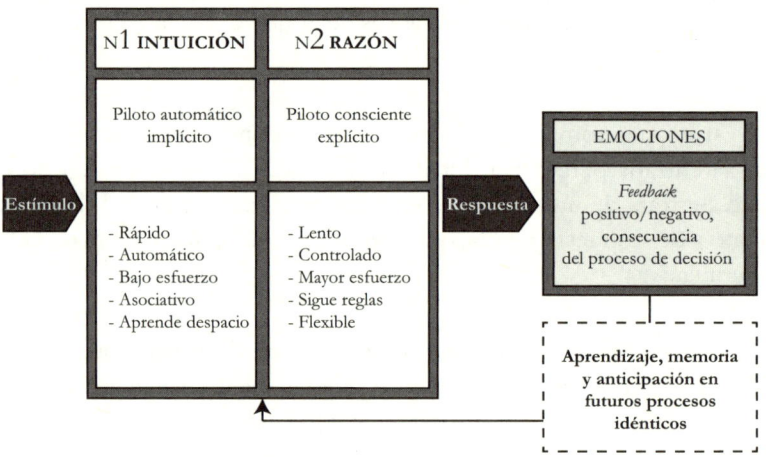

Para nosotros el esquema de gestión de la experiencia y, por tanto, de generación de emociones en el cliente consta de dos actores, la marca y el cliente, y un punto de conexión, que es el TP. El cliente va al TP movido por una serie de necesidades y objetivos, y la marca, para ser efectiva en la satisfacción de esas necesidades y objetivos, debe responder a ellos en los dos planos N1 y N2, alineada en ambos planos con su propuesta de valor.

El plano de interacción N1 se compondrá de señales específicas para nuestro nivel intuitivo N1 y serán el filtro para el paso al siguiente nivel de decisión N2, en el que ya podremos exponer atributos y argumentos racionales a nuestro cliente potencial.

Si el resultado de este encuentro con dos planos de acción es positivo para el cliente, generaremos emociones positivas hacia la marca.

Cuadro 2.3 Relación entre la marca y el cliente

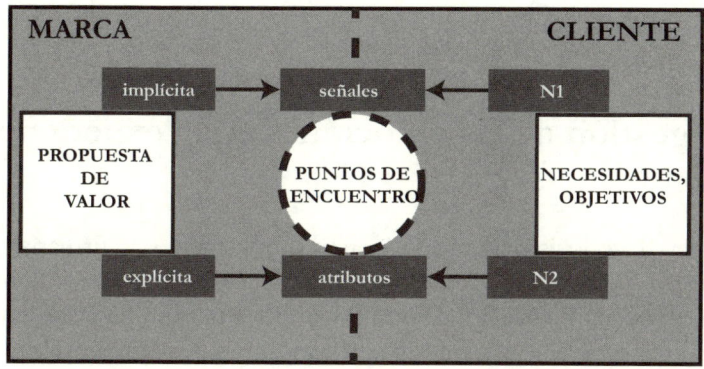

Puntos clave sobre el mecanismo de vinculación emocional:

1. Podemos diferenciar dos sistemas implicados en cualquier decisión que adoptamos: un sistema implícito que actúa en primera instancia y que funciona como un piloto automático, y un sistema explícito que actúa como un piloto consciente.

2. Juntos, los dos sistemas determinan nuestra percepción de las marcas y productos y las decisiones de compra.

3. El sistema implícito N1 influye fuertemente en nuestras decisiones, determinando el contexto para percibir, valorar y decidir.

4. Para entender las decisiones del cliente y crear fans de nuestra marca debemos tomar en consideración ambos sistemas, el implícito y el explícito.

5. Las emociones son la respuesta positiva o negativa del proceso de decisión en la medida en que comprobamos si se cubren nuestras necesidades y objetivos.

6. En nuestro modelo de gestión de la experiencia y las emociones, la marca aporta su propuesta de valor (implícita y explícita) en el TP con el cliente. Las necesidades y objetivos y su satisfacción son el *driver* (impulsor) principal de la interacción, y las emociones son la respuesta que certifica la calidad de la experiencia.

7. Cada vez conocemos más y disponemos de mejores tácticas para conocer e influir en el sistema implícito. Se crean así nuevas áreas de oportunidad para el marketing, basadas en lo que conocemos como CX.

4. La gestión de las emociones en la experiencia de cliente

El objetivo de todo esto no puede ser más simple y todos lo firmaríamos sin duda: hacer que nuestros clientes se sientan felices y confiados con nuestro producto o servicio. O dicho de otra forma: asegurar que somos capaces de generar y reforzar las emociones positivas y minimizar las emociones negativas de nuestros clientes, lo que le lleva a comprar más, recomendar más y permanecer más tiempo con nuestra marca.

Lo cierto es que este es el objetivo último de cualquier negocio, independientemente del modelo de gestión de clientes por el que optemos.

Para ver el cómo de esta cuestión recordemos que la experiencia se construye mediante la interacción con los TP.

El TP es el lugar donde se encuentran los objetivos y necesidades del cliente con nuestra propuesta de valor (implícita y explícita), mediante el canal de contacto elegido por el cliente. Es en este punto en donde vamos a poder influir y provocar emociones (positivas o negativas).

Lo que hemos comprobado a lo largo de unos cuantos años de práctica profesional es que la efectividad en la gestión de la experiencia y en la generación de emociones positivas se basa en cinco puntos:

1. Saber quiénes son los clientes objetivo que vamos a atacar. La experiencia tendrá que ser segmentada para ser efectiva.

   • Tener siempre claro en el momento de diseñar la experiencia sobre qué segmento o segmentos de clientes vamos a trabajar.

   • Reunir toda la información posible sobre sus características.

   • Ser conscientes de que los clientes no son todos iguales.

- Si debemos elegir, apliquemos la regla de Pareto (80/20) para identificar dónde se concentra el valor de la cartera.

2. Entender bien cuáles son las necesidades y objetivos más críticos de mis clientes objetivo.

   - Si no tenemos el instinto de un Steve Jobs —cofundador de Apple— para saber qué necesitan nuestros clientes, no nos quedará más remedio que investigar.

   - Los elementos realmente importantes para el cliente serán sólo unos pocos.

   - Tengamos en cuenta además que no es lo mismo lo que se experimenta en cada momento que lo que se recuerda y queda como imagen final de la interacción con la marca.

3. Identificar qué atributos de mi propuesta de marca impactan en las necesidades y objetivos críticos para mis clientes. No pretendamos cubrir la totalidad de sus necesidades y objetivos.

   - No todas las necesidades y objetivos del cliente tiene la misma importancia: elijamos aquellos que coinciden con nuestra propuesta y nuestros valores de marca.

   - Es importante que los valores y la propuesta de marca sean concretos y estén bien definidos: vamos a tratar de diferenciar la experiencia sobre ellos.

   - Una vez más, la regla de Pareto nos puede ayudar aquí para identificar lo importante: si optamos por hacerlo todo bien, no nos diferenciaremos y la experiencia generada será plana y no *brandeada*.

4. Concentrar el esfuerzo en aquellos atributos que son importantes.

   - Centrar los recursos en los atributos que son importantes para la marca y para el cliente.

   - Ojo con la orientación al cliente como eje de todos los procesos *(customer centric)* mal entendida: orientarse a satisfacer todas las necesidades del cliente no es posible.

5. Crear experiencias (y emociones) diferencialmente buenas en los puntos más críticos. Para el resto de puntos menos importantes se deben definir niveles higiénicos mínimos aceptables de nuestro desempeño.

- No todos los procesos y TP tienen la misma importancia para diferenciarnos.

- La experiencia sólo será efectiva si es recordada y está *brandeada*. Esto únicamente lo conseguiremos siendo excelentes en aquellos puntos que sabemos que son realmente importantes.

- Para ser excelentes en lo importante debemos también saber en qué puntos vamos a ser sólo aceptables: los recursos son escasos y debemos tener claro dónde invertir más para obtener mayor retorno.

- Cuanto mayor sea la brecha (o *gap*) diferencial positivo entre los momentos excelentes y los aceptables, mayor será la efectividad de nuestra experiencia, más positivas las emociones y, por tanto, mayor el nivel de recuerdo de la experiencia.

Para terminar el capítulo habría que destacar los tres principios claves para conseguir experiencias emocionalmente efectivas:

1. Una experiencia (positiva) sólo es útil para el negocio si es recordada.

La regla del momento pico y final, enunciada por el psicólogo Daniel Kahneman, señala que sólo recordamos dos momentos de una experiencia: el llamado momento pico emocional y el final de la experiencia, mientras que los momentos intermedios son irrelevantes a efectos de recuerdo.

También de acuerdo con Kahneman, una persona normal puede experimentar en un día 20.000 eventos que podemos calificar de emocionales, positivos y negativos, que obviamente no son recordados en su inmensa mayoría.

Podemos anticipar cuáles serán los momentos pico emocionales de nuestros clientes: normalmente relacionados con fallos en el servicio o producto o con situaciones personales en las que sienten una gran dependencia de nuestro servicio o producto. Tengamos claro que de cómo actuemos en esos momentos (cómo gestionemos el final de esa experiencia) va a depender la experiencia global del cliente con nosotros.

2. La experiencia (positiva) debe estar *brandeada*.

   Es necesario conseguir que el cliente relacione una buena experiencia con nuestra marca en concreto, que entienda que ha sido deliberada y no fruto del azar o de un empleado inspirado ese día.

   Una vez más el diseño es esencial: qué experiencias son las más relevantes para nuestra marca y cómo vamos a conseguir que el cliente las asocie a la marca.

3. Las experiencias emocionalmente positivas deben contrastar con el resto.

   No tiene sentido pretender una generación constante de experiencias emocionales en nuestros clientes. Por eso debemos elegirlas cuidadosamente y aprovechar cuándo se producen para gestionarlas bien: los recursos que tenemos siempre van a ser limitados y precisamente el contraste con la normalidad del día a día es lo que da valor a esas experiencias con carga emocional y recuerdo.

Como vemos, recibimos numerosos impulsos emocionales a lo largo del día. Las investigaciones en psicología[3] han demostrado cuáles son los ratios de balance entre emociones positivas y negativas que nos llevan a juzgar el evento causante de las emociones como positivo o negativo. Para tener un saldo emocional positivo hacia un evento el ratio debe estar en cinco emociones positivas por cada emoción negativa.

Cuadro 2.4 Saldo emocional positivo hacia un evento: cinco emociones positivas por cada emoción negativa

La resultante emocional negativa es resultado de ratios uno a uno entre emociones positivas y negativas.

Cuadro 2.5 Saldo emocional negativo: una emoción positiva por cada emoción negativa

Otra regla bien establecida es que, como promedio, son necesarias al menos tres emociones positivas para compensar o eliminar el efecto de una emoción negativa.

Pensemos en el peso que tienen las emociones negativas y en el coste que suponen para la resultante de experiencia de los clientes.

Cuadro 2.6 Cómo compensar una emoción negativa: con tres emociones positivas

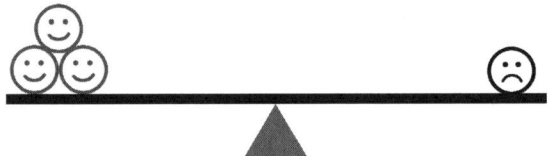

5. Conclusiones sobre el impacto del cambio de paradigma experiencial en la empresa

Hoy en día, con la alta competitividad existente, la tendencia es la personalización del consumidor. Actualmente tenemos un modelo saturado de productos. Los verdaderos fans están en lo pequeño, en lo personalizado, en la calidad de lo manual. Cada cliente supone una tecla que se debe pulsar que activa las emociones y que se ubica en el cerebro, tal y como muestran los estudios de neuromarketing. Si estimulamos adecuadamente los contactos del cliente con nuestra compañía, incrementará la propia compra y la lealtad hacia la organización. Entonces habremos creado una relación emocional, a través de la experiencia, que implica al cliente con nuestra empresa, producto o servicio no sólo a nivel económico, sino también sensorial, afectivo e intelectual. Con la apertura de nuevos canales, dando una atención personalizada y haciendo una posventa adecuada, añadiremos valores sensitivos, emocionales y cognitivos a los valores funcionales típicos del marketing transaccional, a los valores de relación con el cliente.

La experiencia, finalmente, es el vector diferencial de unas empresas frente a otras. Es lo que realmente proporciona ventajas competitivas frente al resto.

Al fin y al cabo, en el momento de plantearse una estrategia centrada en la CEM una de las primeras reglas es conocer a nuestro interlocutor, saber a quién tenemos enfrente para así ser capaces de sorprenderle, agradarle y retenerle como parte activa de nuestra red de usuarios o consumidores. Pero, como hemos visto, la toma de decisiones no es un proceso meramente racional ajeno a aspectos emocionales asociados a recuerdos más o menos conscientes de nuestras vivencias. Las agencias de publicidad conocen esto y las empresas dedican grandes cantidades de recursos a desarrollar estrategias de marketing que les permitan situarse en los mercados. Sin embargo, la CX no sólo afecta a la publicidad.

Los resultados de la encuesta de implantación de la gestión de la experiencia de cliente –*customer experience management* (CEM)– en las empresas españolas, realizada por Brain Trust Consulting Service en 2013, indican que la CEM se está aplicando en la mayoría de las empresas en las fases clásicas del ciclo de vida del cliente (contratación/compra: 74%; y uso: 91%). La aplicación a la fase de posventa alcanza un nivel intermedio del 63%, a pesar de lo cual es un valor significativo como resultado global. Destaca negativamente el que las fases de facturación y pago y finalización del contrato obtengan unos pobres valores del 37% y el 25%, respectivamente, ya que son las fases que peor CX suelen generar y es, por lo tanto, en donde deberían incidir los sistemas CEM. Debe también señalarse negativamente que muy pocos sistemas CEM en fase de implantación o ya implantados consideran la totalidad del ciclo de vida del cliente. Además, es de resaltar entre los resultados obtenidos que áreas importantes para la gestión de la experiencia, como recursos humanos, tecnología de información *(information technology,* IT) y finanzas, están muy poco implicadas en el desarrollo e implantación de la CEM.

En una mayoría de las empresas entrevistadas su ventaja competitiva está en las variables clásicas (calidad: 92%; satisfacción: 88%; producto: 85%), frente a sólo un 60% de las empresas que declara que su ventaja competitiva es el precio, variable por excelencia en el clásico *marketing mix* de los productos y servicios, el análisis de estrategia basado en cuatro factores: producto, precio, promoción y distribución. Un destacable 60% de las empresas declara que su ventaja competitiva está en las emociones, indicador clave en la implantación de la CX como elemento diferencial frente a la competencia. Además, un 78% de las empresas declara estar aplicando la CEM (o trabajando para aplicarlo). Del 22% que no lo están aplicando, un 9% afirma que prefiere gestionar teniendo en cuenta otros aspectos y un 4% dice que la CEM no está entre sus prioridades.

Por sectores, se observa una mayor aplicación de sistemas CEM en telecomunicaciones, banca y turismo (en torno al 40%) y mucho menor en seguros (17%), si bien un 77% de las empresas de este sector está trabajando en implantarlo.

Una de las grandes conclusiones del estudio es que los indicadores clásicos (como el Índice de Recomendación Neta o Net Promoter Score [NPS], que estudia la probabilidad de que un cliente recomiende una marca, o la fidelidad) alcanzan bajos valores de implantación, y no se aplican los principios de la CEM; solamente se mide de cierta forma la orientación al cliente mediante la satisfacción y mejora de la calidad, pero no la implicación emocional del cliente.

La CEM es una metodología, un paradigma, que lo que pretende es mejorar la implicación emocional de los clientes, conseguir fans que recomienden la marca, generando recuerdos positivos del uso de la marca, y sorprenderles para que, como consecuencia de todo ello, finalmente la marca alcance una diferencia competitiva y venda más. Por eso la CEM debe incluir, entre sus indicadores, las ventas asociadas. Ese es el gran reto. No es fácil, y aunque es un camino difícil, al final merecerá la pena.

03
Iniciando la construcción de la experiencia

1. La pirámide de la experiencia: cumple, fácil y divertido

Una vez analizados los modelos o tipologías de clientes o usuarios, así como su *customer journey*, con el mayor detalle y objetividad posibles, deberíamos plantearnos cómo mejorarlo. Se trata de definir la experiencia objetivo o, como suele denominarse actualmente, diseñar la experiencia que desea entregarse al cliente.

No cabe duda de que, como venimos destacando, la superación de la expectativa, al menos en los momentos de la verdad, será un objetivo deseable, pero a la hora de llevar a la práctica este exceso de suministro u *overdelivery* por parte de nuestros productos y servicios, ¿cuál debe ser el camino o la tendencia?

Para ayudar a diseñar y de alguna forma evaluar la experiencia ofrecida a los usuarios Kerry Bodine[1] evoluciona de un modelo anterior publicado por la profesora Elizabeth B. N. Sanders en 1992 (Universidad Carnegie Mellon) y plantea una sencilla pirámide de tres estadios: cada vez que interactúa con un producto, un servicio, una persona o un sistema automatizado, el cliente evalúa hasta qué punto la interacción le ayudó a conseguir su objetivo, cuánto esfuerzo tuvo que poner de su parte y si disfrutó o no durante la interacción.

Cuadro 3.1 La pirámide de la experiencia de cliente

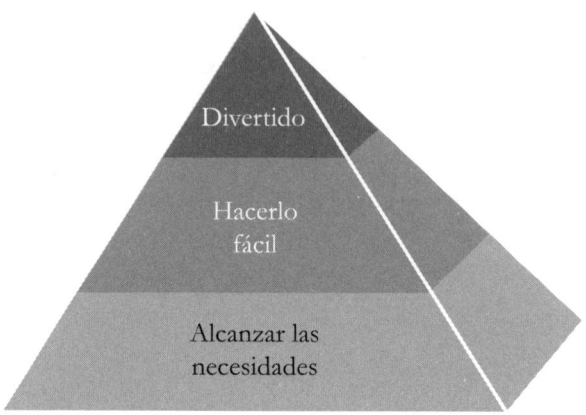

Probablemente todo el mundo esté de acuerdo en la importancia que para la CX tiene la base de la pirámide: alcanzar las necesidades. Se trata del aspecto en el que llevamos trabajando los últimos 20-30 años desde los departamentos de calidad, utilizando métricas como la satisfacción del cliente para medirla y con las cuales nos encontramos cómodos.

Sin embargo, sólo estamos en la base de la pirámide, es el primer paso, es decir, condición necesaria pero no suficiente para generar una buena CX.

Cuando las empresas superan este primer paso, el siguiente nivel de la pirámide entra en juego. Las empresas competirán por facilitar al cliente el uso del producto, y no cabe duda de que, en igualdad de condiciones, el usuario premiará la facilidad de uso eligiendo aquellas empresas que la potencien y la tomen como bandera.

Los dos primeros niveles de la pirámide logran un razonable grado de consenso en todos nosotros, pero posiblemente no todo el mundo esté de acuerdo en que el tercer nivel de la pirámide, divertirse o disfrutar, es una parte clave de la CX. Para aceptarlo deberemos tener presentes nuestras propias experiencias personales y cómo el hecho de haber disfrutado en determinadas interacciones con alguna empresa ha determinado por completo nuestro recuerdo de la interacción, nos ha llevado a comentarla con nuestros familiares y amigos y, lo que es más importante, nos ha influido en nuestras posteriores decisiones de compra.

2. La generación de experiencias en el ciclo de vida del cliente: la clave de una experiencia única

2.1. Desarrollando el *customer journey*

El *customer journey* representa las fases por las que pasa cada arquetipo de usuario al relacionarse con el producto o servicio que se está analizando.

- Fases. Es necesario diferenciar las fases por las que pasan los clientes. Puede ser tan simple como anticipación, vivencia y recuerdo en un restaurante, o la preventa, venta y posventa de un producto. Sin embargo, para otro tipo de servicios complejos, como las telecomunicaciones, la banca o la energía, las fases pueden ser siete u ocho. Hay que recordar que siempre hablamos de fases desde el punto de vista del usuario.

- Mapa de experiencia. Para cada arquetipo hay que conocer qué puede hacer el cliente antes, durante y después del uso del producto; su contexto de uso, sus posibles motivaciones, objetivos e incluso, si es posible, qué puede sentir en cada momento.

- Puntos de contacto *(touch points* o TP). Al mapa anterior hay que incorporarle los TP de la empresa con el cliente, los canales desde los cuales la empresa o el cliente pueden interactuar. Aunque en un principio pueden aparecer sólo los más directos, como las tiendas, el centro de atención *(call center)* o la web, lo cierto es que cada vez tienen mayor importancia otro tipo de TP a los que se suele prestar menos atención, como las redes sociales, microblogs, clic para llamar *(click to call),* chat de ayuda o incluso el boca a boca.

El resultado puede ser tan simple o complejo como necesitemos para entender al cliente y para aportar valor. En ocasiones la información que debe contener el mapa de experiencia es tan grande que es necesario recurrir a infografías conceptuales resumiendo la información más importante.

Recordemos que el objetivo final es que la información pintada en el mapa de experiencia de cliente *(customer journey map)* o para cada arquetipo de usuario permita trabajar en la experiencia que se ha ofrecido, detectar los posibles errores o las diferencias entre la experiencia que se desea entregar y la realmente dada o incluso descubrir el mejor canal de comunicación con el cliente para cada momento.

Por último, debemos mencionar que el análisis etnográfico, además de ayudar a analizar y mejorar el *customer journey* y los TP con cada tipo de cliente, está convirtiéndose cada día más en una importante ayuda al proceso de innovación y caza de tendencias *(coolhunting)*, aspectos que resultan esenciales en la superación continuada de la expectativa del cliente y, por tanto, de la experiencia generada.

Los TP hacen referencia a cada uno de los momentos en que un cliente (actual o potencial) interactúa por cualquier medio con la marca. Cada una de estas interacciones puede generar una experiencia y va componiendo la relación entre el cliente y la marca. La suma de todos estos TP y experiencias va modulando la opinión sobre el producto o servicio y las actitudes y comportamientos del cliente hacia la marca.

Los TP son uno de los aspectos centrales en la CEM, ya que en ellos se produce el vínculo (la experiencia) entre la compañía y el cliente. Los TP se insertan en el concepto más amplio de ciclo de vida. Tenemos que concebir la experiencia como un proceso holístico, un ciclo a través del cual los clientes se van enganchando a la marca.

Comienza siempre con una necesidad o un objetivo que hay que satisfacer. Los potenciales clientes no nos van a buscar a no ser que nos necesiten. En ese momento comenzarán a investigar qué opciones hay disponibles en el mercado y quién les puede satisfacer la necesidad. Tras esto vendrá la elección del producto o servicio y, con suerte, la compra. Durante este ciclo de vida completo es cuando hacemos tangible nuestra promesa de marca, y siempre es un proceso vivo, de ida y vuelta. Si funciona bien a ojos del cliente, tendremos su lealtad. Si lo hacemos realmente bien, tendremos fans y recomendadores.

Hay multitud de momentos que importan a lo largo de este ciclo de vida y se espera de nosotros que entreguemos buenas experiencias durante todo el ciclo. Si fallamos en algo importante y no sabemos solucionarlo adecuadamente, el cliente se irá, ya que cada día es más sencillo cambiar de marca (¡afortunadamente!).

A la hora de trabajar en nuestro ciclo de vida y nuestros TP, es esencial tener en cuenta tres elementos del escenario actual del mercado:

- El comportamiento del cliente ha cambiado radicalmente en los últimos años por la crisis económica, el acceso ubicuo a las tecnologías y la entrada de nuevas generaciones de consumidores. Los modelos tradicionales de elección de marca, valoración de alternativas o comportamiento en la tienda ya no sirven, y en muchos casos estamos empezando a entender qué es lo que está pasando con el comportamiento de los clientes. Vemos, además, que la mayoría de modelos de negocio que conocíamos han evolucionado también a marchas forzadas, obligados por esta circunstancia.

- Los clientes, en este momento, gozan de superpoderes. Por ejemplo, pueden clonarse a sí mismos para comprar en varios sitios a la vez: en la tienda física mientras consultan otras ofertas en el móvil. Además, opinan abierta y frecuentemente sobre lo que han comprado en las redes sociales y de sus experiencias, malas y buenas. Tienen un enorme rango de opiniones disponibles de sus iguales sobre aquello que van a comprar, opiniones cualificadas muchas veces. Disponen de acceso a más información sobre el producto de la que tiene el propio vendedor y pueden llegar, muy rápidamente, a ser expertos en el producto.

- Los momentos de la verdad se parecen cada vez más a micromomentos de la verdad. El acceso a la información permite al cliente una valoración constante de opciones a lo largo de todo el ciclo de vida. La búsqueda y análisis es intencional e influye en la decisión, sea cual sea el momento y el lugar. Los momentos de la verdad únicos son raros, sobre todo en el ciclo de compra y fidelidad. La relevancia y calidad de la información en esos micromomentos modula la decisión de compra.

2.1.1. La identificación de los puntos de contacto

La identificación de los TP en la organización no es siempre obvia ni resulta fácil. Con una definición tan amplia como la que proponemos resultaría complicado establecer un catálogo manejable de TP. Como ejemplo, si teniendo en cuenta dicha definición preguntásemos a una docena de personas que identifiquen los TP de la experiencia en la típica visita a la panadería de la esquina, es probable que nos encontrásemos con una docena de listas diferentes: en un extremo habrá quien ponga como TP la relación con la persona que nos atiende, en el otro quien proponga como TP desde el olor del pan al entrar, pasando por los carteles con la ofertas del día, hasta la calidad del envoltorio del pan. Y varias perspectivas pueden ser correctas.

Nuestra propuesta es que no hay recetas y cada organización debe definir el mapa de TP que mejor se adapte a su realidad y a sus clientes. Se trata de un ejercicio de opciones en el que nos jugamos nuestra estrategia CEM, y por ello debemos estar convencidos (y convencer a nuestra organización) de que nuestro catálogo de TP es el más adecuado.

Veremos que para identificar correctamente los TP en nuestra organización antes debemos conocer bien el ciclo de vida de nuestros clientes (cuáles son los hitos típicos del camino que recorren en su relación con nuestra marca, con sus expectativas y necesidades en cada paso) y disponer de una estrategia con objetivos claros en cada fase: qué queremos que nuestros clientes hagan, sientan y piensen en los momentos importantes.

Otro criterio adicional clave es que los TP que definamos deben ser medibles, es decir, que para las interacciones, eventos o situaciones que ocurran en ellos debemos ser capaces de establecer objetivos y métricas precisas, o de lo contrario no nos van a servir de mucho.

A la hora de identificar y definir nuestros TP debemos tener presente las siguientes premisas:

- La visión cliente es diferente de la visión compañía, por lo que no debemos basarnos sólo en análisis internos o reproducir mapas de contacto que sean reflejo de nuestra estructura organizativa. Un ejemplo puede ser un supuesto TP de entrega de la compra a domicilio, para lo que hemos diseñado perfectamente el envoltorio de entrega, los plazos y las condiciones de devolución, y sin embargo el hecho de que el mensajero aparezca desaseado (variable fuera de nuestro control por tratarse de un servicio externalizado) genera una mala experiencia global.

- Puede haber diferencias significativas entre segmentos de clientes: no es normal que todos los clientes recorran el mismo camino en su relación con nosotros ni tengan idénticas necesidades, por lo que es importante identificar las diferencias clave entre tipos de clientes y diferenciar los TP. Ojo: cualquier segmentación añade coste y complejidad a nuestros procesos, por lo que debemos estar bien seguros de que hay razones para segmentar y que la segmentación nos aporta un buen retorno.

- Identificar y asegurar los elementos emocionales del cliente presentes en el TP. Hablar de medir y ser objetivos incluye también el mundo de las emociones del cliente.

- Debemos conocer qué están haciendo los competidores y cómo nos podemos diferenciar de ellos. También anticipar si lo que vamos a proponer es fácil de copiar por un competidor.

- Es una carrera de fondo en la que trabajamos a medio y largo plazo y en la cual lo normal es ir haciendo ajustes a lo largo del tiempo. Seguro que nuestro mapa y la definición de los TP cambiará en la medida en que lo hagan nuestros clientes y nuestro negocio.

Nuestro catálogo de TP saldrá, pues, de un ejercicio de opciones, en el que lo medible y relevante para nuestra estrategia debe marcar la pauta y los aspectos organizativos y de gestión (¿quién es el responsable del TP definido?) también deben considerarse con el fin de tener una expectativa de éxito para nuestra estrategia CEM.

2.1.2. El mapa de puntos de contacto

La representación más práctica del mapa de TP se hace sobre un eje cartesiano, en uno de cuyos ejes representaremos los momentos del ciclo de vida de nuestros clientes y en otro los canales posibles de contacto con la marca.

En el esquema de ejemplo vemos la representación más frecuente de un mapa de TP, en este caso de un operador de telecomunicaciones. En el eje de las horizontales aparecen las etapas y subetapas del ciclo de relación del cliente con el operador y en el eje vertical, los canales posibles de contacto. En este caso, las intersecciones, es decir, los TP, representan niveles de importancia de cada punto en relación con actitudes de fidelidad y recomendación del cliente. El nivel de importancia de cada TP se ha establecido mediante un análisis de la correlación de satisfacción con el TP y las actitudes de fidelidad y recomendación declaradas.

Cuadro 3.2 Representación de un mapa de puntos de contacto

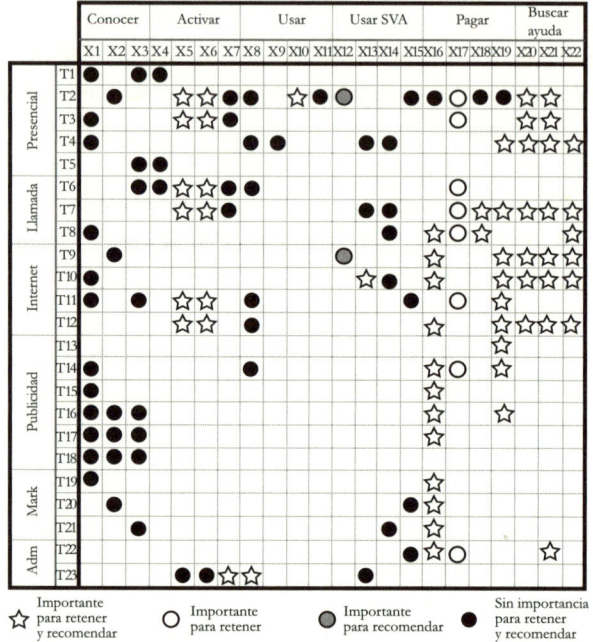

Como contenido de los puntos de intersección posibles en nuestro mapa, podemos encontrarnos con estos elementos:

- Características del producto o servicio: en sentido amplio será nuestra oferta de producto o servicio y sus características y cómo estas son percibidas por los clientes. En el ejemplo anterior de la panadería, serán las *baguettes* y bollos que vendemos, pero también el servicio de *catering* que ofrecemos para eventos con todas las características que lo componen, incluido el precio.

- Interacciones: cualquier interacción de ida y vuelta, ya sea en persona (con el vendedor de la panadería), por teléfono o virtual (sitio web de la panadería o las opiniones sobre los productos en blogs o redes sociales).

- Comunicación: mensajes hacia el cliente, lo que incluye logo, marca, publicidad, *packaging* y factura. Es decir, todo lo que le estoy comunicando al cliente por cualquier medio posible, formal o informal.

- Emociones y percepciones que estemos generando en el cliente como resultado de la relación.

El equilibrio y la homogeneidad de la experiencia que vamos a entregar en los distintos TP son esenciales. Sabemos que el cliente integra experiencias para formar una opinión y que estas no son estáticas en el tiempo.

Uno de los factores más negativos para nuestra estrategia es, por ejemplo, que un cliente acuda a nuestro centro de atención y reciba una solución rápida y de calidad con un agente amable y dedicado, y que más tarde, en el punto de venta, hagamos a ese mismo cliente esperar 20 minutos para ser atendido o que la persona que le atiende demuestre escaso interés y conocimiento. La resultante de experiencia con nuestra marca para ese cliente es probable que sea mala, a pesar del buen desempeño en uno de los TP. Esta coherencia tan necesaria es precisamente uno de los puntos clave que la CEM puede aportar a las organizaciones hoy día.

La coherencia sólo ocurrirá si hemos definido una estrategia que asegure los siguientes factores:

1. Tenemos clara como organización una propuesta de valor para nuestros clientes.

2. Somos capaces de definir y entregar esa propuesta a lo largo de cada una de las etapas del ciclo de vida del cliente y en cada uno de los TP.

La propuesta de valor que generemos y que vamos a transmitir en los TP de forma orquestada no es más que el reflejo de nuestra estrategia de negocio. En este sentido debemos decidir qué variables la componen:

- ¿Precio? Ningún cliente es inmune al precio (y menos en estos tiempos), pero puede no ser el factor final de decisión. Puede tener más impacto en los momentos iniciales de la vida del cliente y habrá que comunicar bien quizá una óptima relación precio/calidad en nuestros puntos de venta.

- ¿Servicio? Con productos poco diferenciados adquiere enorme valor la percepción de servicios de valor añadido durante el uso.

- ¿Personalización? Las capacidades para responder de forma específica a necesidades de cliente diversas es un poderoso factor de diferenciación hoy día. Hacerlo rentable será el gran reto.

- ¿Cercanía? Transmitir al cliente confianza y respeto. Atención personal, percepción de beneficio mutuo y preocupación genuina por resolver los problemas serán elementos que el cliente debe percibir si optamos por este camino.

Debemos tener muy claro que la propuesta no puede ser hacerlo todo bien, ya que esto sólo conduce a la mediocridad, y debemos recordar también que los recursos son siempre escasos.

La generación de una experiencia eficiente requiere una propuesta de valor diferenciada, para la que hemos optado por aquello que mejor sabemos hacer y más retorno nos va a generar.

En la metodología CE Design Model de Brain Trust, consideramos claves las siguientes reglas de diseño para el TP de CX:

1. Centrarse en el cliente identificando sus necesidades y describiendo el objetivo de la experiencia con palabras del cliente.

2. Saber cómo lo hacen los competidores para diferenciarnos o adoptar mejores prácticas en el TP.

3. Crear una secuencia consistente de acciones: cada TP es una escena dentro de un proceso.

4. Buscar evidencias tangibles de la experiencia para asegurar la percepción del cliente y poder medirla.

5. Holístico: todo el contexto de la experiencia –lo que vemos, lo que olemos, lo que tocamos, lo que oímos– debe ser considerado en el TP.

La construcción de los TP se lleva a cabo sobre el ciclo de vida o *customer journey*, que debe estar definido para cada uno de los canales que la empresa utiliza para interactuar con el cliente. Veámoslo en los siguientes tres elementos.

2.1.2.1. Ciclo de vida del cliente

Nuestra propuesta de valor deberá ser no sólo el reflejo de nuestro modelo de negocio; además deberá responder a las necesidades y expectativas del cliente que, como sabemos, se manifiestan de modo diferenciado a lo largo de las etapas del ciclo de vida.

Cuadro 3.3 Etapas del ciclo de vida del cliente

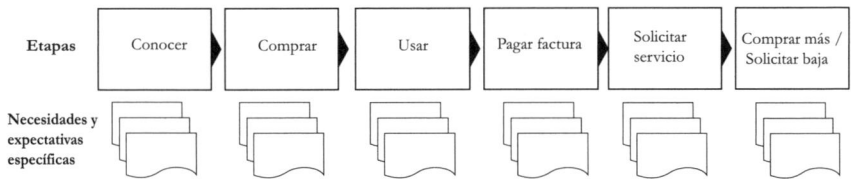

2.1.2.2. Canales de contacto

Las interacciones que se produzcan por ciclo de vida serán diferentes dependiendo del canal de contacto usado por el cliente. Así, dentro de un mismo ciclo de vida podemos encontrar diferentes formas de desenvolverse de la experiencia en función del canal en el que tenga lugar el contacto.

Ejemplos de canales son la tienda, el comercial de venta directa, el centro de atención, la web, el operador logístico que entrega en casa del cliente. La lista puede ser más o menos amplia, pero como siempre, deberá ser entendida y compartida por la organización como un catálogo comprensivo de canales posibles de contacto del cliente con nuestra marca.

2.1.2.3. El punto de contacto

Si colocamos las etapas del ciclo de vida en un eje X y los canales posibles en un eje Y, cada una de las intersecciones sería un TP. El TP debe incluir la definición de la experiencia objetivo para el cliente en ese punto (de acuerdo con nuestra propuesta de valor) y las métricas que nos permitan conocer si estamos entregando la experiencia de acuerdo con el objetivo fijado.

Resulta útil en la descripción del TP indicar qué es y qué no es una buena experiencia a ese nivel con ejemplos concretos. También especificar muy claramente lo que se identifica como momento de la verdad: en qué cuestiones concretas nos jugamos el éxito de la experiencia en cada TP.

Cuadro 3.4 Puntos de contacto

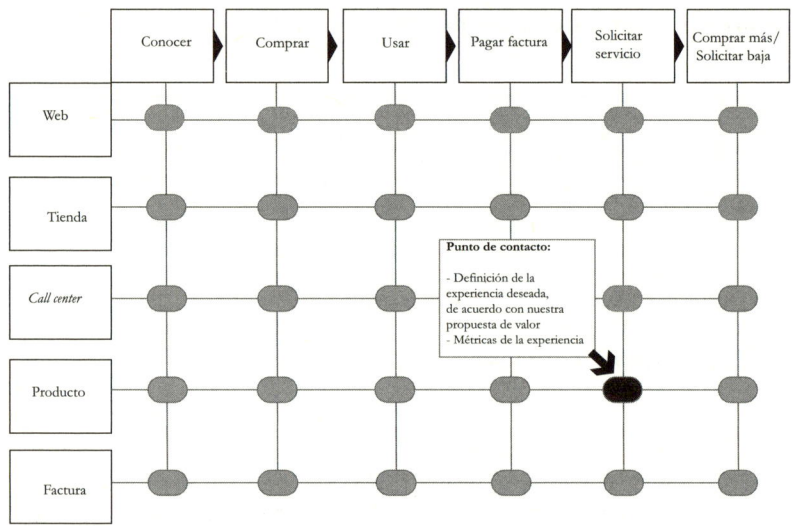

2.1.2.4. Priorizar esfuerzos

Si nuestra propuesta de valor es sólida, vamos a encontrar que no todos los TP identificados tienen el mismo valor para la experiencia. No todos van a ser igual de importantes para nuestro cliente y para el éxito de nuestra estrategia. Por lo tanto, el esfuerzo en recursos no va a ser idéntico en todos ellos.

En este momento debemos ser capaces de establecer un ranquin de importancia que nos permita distribuir nuestros recursos y esfuerzos a lo largo del mapa de TP.

En nuestra experiencia el clásico ejercicio de dos ejes puede ser útil y, como siempre, debemos tener presente que debe ser compartido y entendido por la organización.

Cuadro 3.5 Mapa de puntos de contacto para distribuir recursos y esfuerzos

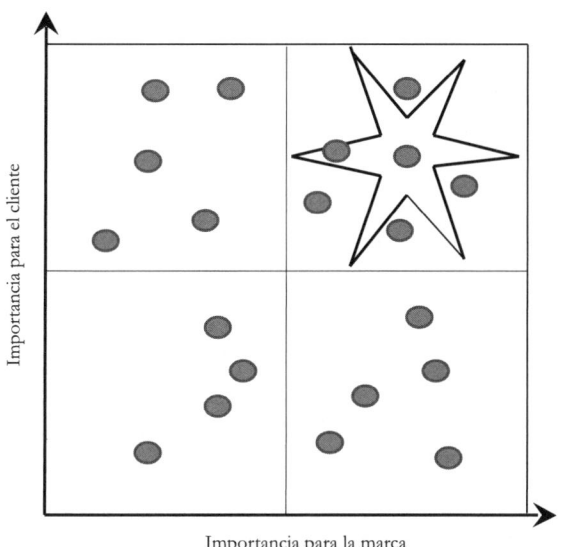

Importancia para la marca

Los TP situados en el cuadrante óptimo serán los relevantes para nuestra estrategia CEM. En estos no podemos fallar y a ellos asignaremos más recursos. En cambio, en los cuadrantes menos óptimos podemos plantearnos ahorrar esfuerzos, aspirando sólo a un desempeño higiénico dentro de unos límites tolerables.

Es probable que debamos segmentar la experiencia creando mapas de TP específicos por tipos de cliente (residencial/empresa; clientes de alto/bajo valor). En nuestra experiencia es mejor ser muy prudentes y segmentar el mapa sólo en casos estrictamente necesarios. El secreto está en segmentar cuando los procesos clave del cliente sean diferentes (por ejemplo, venta al por menor o *retail* frente a venta directa, catálogo generalista frente a producto específico por cliente) o existan negocios con características bien distintas (por ejemplo, en una compañía multinacional con implantación en distintos mercados).

En este momento del desarrollo de nuestro mapa de TP debemos asegurarnos de lo siguiente:

- Cada uno de los TP mapeados puede llevarse a tareas específicas de la organización que es necesario ejecutar en ese momento.

- En cada punto estamos dando respuesta a expectativas y necesidades concretas del cliente que conocemos de antemano.

- Tenemos una respuesta adecuada para distintos tipos de clientes (segmentos).

- La experiencia es coherente y tiene un tono adecuado en una lectura horizontal y vertical completa.

- Somos capaces de definir métricas de cada TP.

- El mapa de TP que hemos diseñado nos diferencia de los competidores, y nuestros puntos clave no son fáciles de replicar para ellos.

2.1.2.5. Monitorización y métricas

El resultado de una buena estrategia CEM es la mejora de los indicadores clave de negocio. Para cualquier compañía hoy estos son básicamente cuatro:

1. Retener y mantener a los clientes actuales.

2. Vender más a los clientes actuales *(up selling)*.

3. Incrementar el número de clientes vía acciones de marketing.

4. Incrementar el número de clientes vía recomendación y boca a boca.

Si asumimos que la estrategia CEM incide de manera directa en los cuatro objetivos, nuestro planteamiento de métricas debe demostrar a la organización que los esfuerzos desplegados en mejorar la experiencia impactan en esos indicadores.

En nuestra experiencia, planteamientos de métrica CEM que se han demostrado efectivos son estos:

- Establecer pilotos controlados de mejora de la experiencia sobre TP específicos y medir la efectividad de esas mejoras sobre los objetivos de negocio.

- Establecer correlaciones entre el nivel de experiencia en los TP y la evolución de los indicadores de negocio.

- Mezclar indicadores clásicos del mundo CEM (NPS, satisfacción) con indicadores de eventos transaccionales de proceso.

- Considerar indicadores cuantitativos y cualitativos.

- Ser muy riguroso con la metodología estadística: definición de las métricas, cálculos y conclusiones válidas y fiables.

- Reducir el *set* de métricas que comunicamos a aquellas realmente importantes y de las que estemos bien seguros.

- Poder medir la brecha o *gap* entre la experiencia objetivo de nuestro mapa de TP y el desempeño actual de la organización en dichos TD.

- Trabajar con el objetivo de que las métricas CEM se incluyan en la retribución variable de todas las personas de la organización.

2.1.2.6. Un ejemplo real

Veamos a modo de ejemplo un caso de real de construcción de PT de la experiencia y cómo pueden ser mapeados. En nuestro ejemplo hablaremos de un operador de telecomunicaciones con matriz en Estados Unidos y operación en toda Latinoamérica:

1. Desarrollar un ciclo de vida del cliente, sus fases y el detalle de necesidades y expectativas del cliente en cada fase.

   En este caso, nuestro operador definió un camino de siete etapas que reflejan la vida de un cliente tipo. Por debajo de cada una de estas siete etapas se identificaron necesidades y expectativas concretas, así como los momentos de la verdad, cuándo nos jugamos la experiencia con el cliente en cada fase.

Cuadro 3.6 Ciclo de vida del cliente en siete etapas

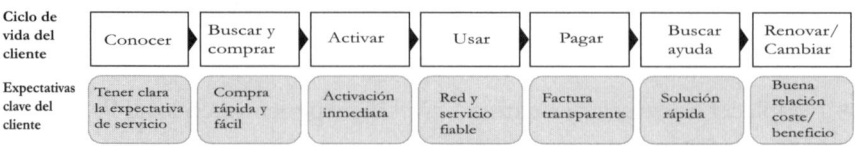

Ciclo de vida del cliente	Conocer	Buscar y comprar	Activar	Usar	Pagar	Buscar ayuda	Renovar/ Cambiar
Expectativas clave del cliente	Tener clara la expectativa de servicio	Compra rápida y fácil	Activación inmediata	Red y servicio fiable	Factura transparente	Solución rápida	Buena relación coste/ beneficio

2. Estrategia del operador: qué queremos que el cliente sienta, piense y haga en cada fase del ciclo de vida. Para cada fase se especificó una estrategia de qué queremos que el cliente sienta, piense y haga, incluyendo aquí los aspectos emocionales de la experiencia.

Identificar los canales de contacto posibles para el cliente, todos aquellos por los que el cliente recibe algún *input* de nuestra organización, tanto canales formales, como la tienda o el centro de atención, como informales, como el boca a boca o *word of mouth,* los comentarios que me llegan de mis iguales acerca de la marca. Recordemos que siempre debemos completar la visión de la compañía (procesos y canales formales) con la visión del cliente (unifica lo formal y lo informal).

Cuadro 3.7 Lista genérica de canales de contacto

- *N General Store.*
- *N Express Store.*
- *N Kiosks.*
- Fuerza de ventas directa.
- Fuerza de ventas indirecta.
- Tiendas de distribuidores.
- Socio o *partner* logístico.
- *Word of mouth.*
- Eventos.
- Puntos de recarga.

- Televenta.
- Centro de atención.
- Factura.
- Respuesta de voz interactiva *(interactive voice response,* IVR), sistema telefónico para interactuar con el cliente a través de grabaciones.
- Redes sociales.
- Web propia (correo electrónico, chat)
- Web general.
- Auriculares *(handset).*
- Publicidad.

3. Definir el contenido de los TP. Con todo lo anterior se señalaron las intersecciones (TP) que pueden existir entre el ciclo de vida y el canal de contacto, se describió la experiencia deseada en cada uno de los puntos posibles de intersección para a continuación identificar aquellas intersecciones clave (de mayor valor) para la marca y para el cliente, estableciendo un ranquin de importancia.

4. Establecer métricas para los TP. Todos los TP considerados como claves deberán tener una métrica de referencia que refleje el desempeño de la experiencia con la que establecer y seguir objetivos de mejora. Con respecto a las métricas de la experiencia es importante tener en cuenta lo siguiente:

- Deben ser fiables (miden correctamente) y válidas (miden lo que dicen medir).

- Mejor pocas, efectivas y robustas que un catálogo de métricas demasiado amplio.

- Idealmente, deben servir para fijar objetivos de desempeño y retribución variable en la organización.

- Es bueno combinar métricas de experiencia (lo percibido por el cliente) con métricas operativas (salen de los procesos) y buscar la correlación entre ambos mundos.

5. Técnicas para construir nuestro mapa de TP. Para desarrollar los pasos de construcción que indicamos, identificamos las siguientes metodologías de trabajo. De todas ellas hay abundante información en la web. Nosotros las hemos puesto en práctica.

Cuadro 3.8 Objetivos y técnicas al construir nuestro mapa de TP

Objetivo	Técnicas recomendadas
– Construcción del ciclo de vida: caracterización de las fases, necesidades y expectativas en cada fase. – Determinar canales de contacto desde el punto de vista del cliente.	• Monitorización de llamadas al centro de atención al cliente (CAC). • Análisis de conversación o *speech analytics,* sistema para obtener información por la voz y el contenido de la charla de los diferentes tipos de interlocutores. • Encuestas. • Observación directa de clientes. • Entrevistas en profundidad con clientes, mejor contextuales en el lugar donde se desarrolla la experiencia. • Técnicas de cocreación con grupos de clientes. • Entrevistas con personal de la compañía en contacto con clientes. • Ejercicios de cliente misterioso *(mystery user).*

Objetivo	Técnicas recomendadas
— Estrategia de la compañía por fase de ciclo de vida. — Contenido de los TP y ranquin de importancia.	• Sesiones de cocreación con los mánager y empleados. • Entrevistas a los mánager. • Modelos de madurez competitiva: aquí puede ser muy útil disponer de información de la competencia por fase con detalle de desempeño y experiencia por proceso crítico.

Conclusiones

• La CX debe ser diseñada y no dejada al azar articulando un mapa de TP de la experiencia.

• El mapa de TP es un elemento clave para la gestión de nuestra estrategia CEM: será nuestra herramienta principal de comunicación a la organización y sobre él definiremos nuestros objetivos y métricas.

• El mapa de TP se construye según las etapas del camino del cliente en su relación con la marca y nuestra estrategia.

• El mapa de TP debe estar bien orquestado, ser coherente, para ser efectivo. La clave reside en tener una propuesta de valor concreta que podamos extrapolar a cada una de las intersecciones entre ciclo de vida del cliente y canal de contacto con la marca.

• No todo los TP son igual de importantes. Esto debemos tenerlo claro para poder asignar recursos a nuestra estrategia CEM de forma efectiva.

• Debemos poder medir y correlacionar nuestras métricas con indicadores clave del negocio.

• Tendremos éxito en nuestra estrategia CEM si la dirección y los mánager de la organización utilizan el mapa de TP en su día a día.

3. Siete principios fundamentales para iniciar un proyecto CEM

Al ser la gestión de la experiencia de cliente (CEM) un tema más estratégico que operativo cuya implantación, medición y control es decisión de la alta dirección, no es nada aconsejable comenzar las reuniones sobre este tema apelando a las emociones del buen rollito y momento de inspiración *new-age* del gurú de turno, ese que defiende que la compañía fabricante de suministros de construcción, por poner un ejemplo, tiene que ser como Starbucks o como Apple, y que para ello requiere un presupuesto millonario con el fin de lograr el momento ¡guau! en el cliente. Si estos son los argumentos frente al comité de dirección de cualquier empresa, te aseguramos un fracaso rotundo del proyecto.

1. La excelencia en la CEM tan sólo se alcanza midiendo la efectividad de las propias acciones.

Entregar por entregar, dar por dar, sorprender por sorprender no es ni útil ni rentable. Es como maleducar a un hijo dándole todo lo que pide. Si al cliente le damos todo lo que pide sin límite alguno, nunca tendrá suficiente, y creyendo que se le complace, lo que se crea es un individuo altamente insatisfecho. La excelencia en la experiencia no es regalar por regalar, sino lograr el grado diferencial mínimo exigible para ser competitivo y ofrecer valor experiencial al cliente.

Para lograr la excelencia en la CEM y que esta sea altamente efectiva es imprescindible tener bien claro cuál es el objetivo de cada uno de los planes experienciales. Es muy común ver a las empresas trabar en su *customer journey* sin determinar cuál es el objetivo del mismo, creando desviaciones en la efectividad final.

Los objetivos de un plan de acción para el desarrollo de la CX son los siguientes:

• Captación de nuevos clientes para ampliar la cartera existente.

• Vinculación del cliente para que se sienta cercano y forme parte de los logros de la empresa.

• Fidelización del cliente para que compre no sólo el producto que ya consume, sino más productos del portfolio de la empresa.

• Prevención de fuga del cliente, ya que existe una competencia feroz y, por lo tanto, debemos estar con un ojo en el cliente y el otro en la competencia y no dejar de ofrecer valor competitivo.

- Retención del cliente. Para ello acudir a unos modelos de venta que identifiquen el comportamiento del cliente que ya ha sido seducido por la competencia, pero aún no se ha marchado.

- Y, por último, recuperar a los clientes perdidos.

2. Tan sólo hay tres maneras de gestionar la interacción en un momento de la verdad: suplicando, despachando o creando.

Cualquier empresa desea ser exitosa en la CEM. Sin embargo, muy pocas están dispuestas a esforzarse para lograr el éxito. Y por ello es necesario comprender que tan sólo existen tres formas de asumir una interacción comercial, y que todo lo demás son meras añadiduras:

f) La primera y más común es suplicar. Esta manera es mucho más común de lo que a primera vista puede parecer. ¿Cuántas veces hemos abusado de la confianza suplicando e intentando aparentar cercanía y confianza con el cliente, normalmente una amistad, para cargarle de culpa en el caso de que no cuente con nosotros para la adquisición de un bien o servicio? Finalmente lo que estamos es suplicando que nos compren o contraten, apoyándonos en un claro abuso de confianza. Pero lo cierto es que quien se apoya en esta tendencia no está seguro de sí mismo ni de lo que vende, con lo que ¿por qué se le ha de comprar o contratar?

g) La segunda es despachar. Según la Real Academia Española (RAE), despachar significa «concluir rápidamente un asunto». Y nada más lejos de la realidad. Pues se despacha con asiduidad en el momento de la verdad, cuando la mayoría de los planes comerciales viven de la estela de un gran producto o marca, sin parar en crear una experiencia memorable cargada de valor diferencial. Las empresas que despachan suelen tener grandes problemas de fidelización, recomendación y ventas cruzadas.

h) La tercera y última forma de vender es crear. La empresa que crea es aquella que busca en sus servicios y utilidades del producto asignado nuevos caminos desconocidos por los demás para llegar al cliente, persuadirlo y sorprenderlo, exponiendo de forma directa e indirecta que sus métodos son diferentes, su producto es diferente y él es diferente, aportando un valor añadido al cliente, pudiendo hacer de este un auténtico fan de la experiencia vivida.

Para saber si una empresa está realmente creando en los momentos de la verdad que asume la experiencia con el cliente, uno debe poder llegar a decir al menos uno de los siguientes calificativos hacia la marca, el producto o el servicio que ofrece:

1. Mi marca, producto o servicio es el primero en algo. De esta manera uno expresa que tiene más experiencia que ninguno. Por ejemplo, «nosotros descubrimos, patentamos, innovamos…».

2. Mi marca, producto o servicio es único en algo. Con ello lo que se está ofreciendo es la ansiada exclusividad Por ejemplo, «somos los únicos con X años de experiencia; somos los únicos que trabajamos con X; somos los únicos que hemos logrado X».

3. Mi marca, producto o servicio es lo más en algo. Con esta expresión ofreces seguridad por tener personalidad de asumir el liderazgo en algo. Por ejemplo, «yo soy el más simple en el portal cliente, el más claro y directo, el más sincero».

Todos los momentos de la verdad que se hayan determinado como imprescindibles para nuestra diferenciación deben proyectar un pensamiento en el cliente de este estilo: «sé que me conoces y por eso me ofreces lo que deseo»; «sé que tú nunca me fallas y siempre estás ahí». No es necesario exponerlo con un gran mensaje «yo soy el más, el único o el primero, es decir, soy el mejor», sino que una acción vale más que mil palabras. Y es que en los momentos de la verdad el verbo no debe usarse, sino que es la acción y la actitud de quien la produce lo que hablará directamente al corazón del cliente.

Pues los momentos de la verdad no están hechos para esperar a que el cliente nos diga qué hacer, sino para actuar y reivindicarse con un «yo soy así». Las empresas que lo ven así buscan incansablemente definirse de algún modo para ser diferentes del resto. Copian a la competencia y la mejoran, investigan en otras industrias o prácticas que puedan incorporar y las utilizan para dar valor. No tienen límite ni prejuicios. Ven al cliente como a un igual y no como a alguien inferior (despachar) ni superior (suplicar). Sus servicios se centran en aportar valor real al cliente, y no un valor trillado o argumento que está en boca de todos, sino que analizan patrones conductuales comunes en cada segmento de su público objetivo o *target,* adelantándose a los acontecimientos para ofrecer soluciones inmediatas al cliente. Es decir, las empresas creadoras buscan dentro de los momentos de la verdad los posibles futuros problemas del cliente y le dan una solución estrella para iluminar al cliente hacia la luz.

Aquella empresa que sienta que no aporta un verdadero valor al cliente gracias a su creatividad innovadora en el servicio producto o marca debería dejar de vender, tomarse unas vacaciones y meditar cómo cambiar el concepto de producto o servicio que expone al mercado, pues de lo contrario será siempre un cobarde más y terminará suplicando o buscando una colaboración con un tercero que le pueda ofrecer las migajas para lograr despachar con facilidad.

3. En los momentos de la verdad el dolor bien dirigido es bueno.

La CEM en los momentos de la verdad no es dar todo lo que el cliente desea. Este común planteamiento el cliente siempre tiene la razón al principio genera placer en el mismo, pero después suele terminar en tedio. El dolor no es tan malo, siempre y cuando sea controlado y esté contrarrestado con porciones de placer que le motiven. Las colas de Starbucks son experienciales y necesarias para lograr la satisfacción final: el premio de la sonrisa del barman y el subidón que te genera cuando este pronuncia tu nombre. La indiferencia del vendedor de Louis Vuitton no es algo personal, sino generada para que tras una breve incomodidad venga un placer muy superior al reivindicar que uno está capacitado para comprar algo. A partir de ahí, todo son sonrisas. Que no haya sillones en las tiendas Apple no es porque no se les haya ocurrido, sino porque el dolor o la incomodidad, si es medida y controlada para ser de inmediatamente contrarrestada y a su vez premiada, es buena y necesaria para cualquier relación. Es como el amor de adolescente: si sabes que tu pareja está embobada por ti, le quitas el valor. Pues al igual que en las relaciones, quien domina siempre es el que menos ama. O, como dice un proverbio italiano, «si desprecias serás apreciado». En el mundo de las relaciones con el consumidor es exactamente igual. IKEA, tras disfrutar del recorrido visual de las tiendas y pasar por un momento de la verdad crítico como el de recoger tú lo que has comprado en una nave industrial enorme donde además suele hacer frío y pasar por la caja para pagar, te premia con perritos calientes a 50 céntimos.

Dar por el hecho de dar no es gestión de la experiencia, sino derroche. No hay que ofrecer una experiencia sublime, ya que será muy difícil de mantener e igualar en el tiempo, sino que hay que conocer a) qué ofrecen los demás; b) qué desea el cliente; y c) qué puedo ofrecer dentro del marco de la rentabilidad, y con estas tres variables, gestionar los momentos de la verdad con un sutil equilibrio entre el dolor y el placer como recompensa de la vivencia del cliente.

4. No dejarse llevar por el espejismo del ¡guau!

Este concepto ha sido mal utilizado en el mundo de la gestión experiencial. El concepto ¡guau! se ha usado para identificar la experiencia memorable de un TP o interacción concreta. Sin embargo, se ha utilizado siempre seguido de ejemplos de empresas de entretenimiento o de ocio y turismo, las cuales llevan en su genética de producto el sorprender.

El efecto ¡guau! es una expresión para determinar un impacto emocional positivo que se perpetuará en el tiempo. Esto no quiere decir que sea necesario tirar cohetes, pompas y plumas, sino que un gesto, una virtud del servicio o producto bien expuesto o el ser transparente y sincero, por ejemplo, pueden generar un momento ¡guau! muy superior a sonoros cañones y trompetas estrafalarias.

Muchos foros y asociaciones sobre la CX se centran en el momento ¡guau!, experiencias memorables, momentos *supercool* (superguay) de la muerte, discursos según los cuales todas las empresas deben ser Starbucks, Apple o Disney y el ponente se eleva del suelo pronunciando con un inglés forzado las dos expresiones mágicas: *customer journey* y su momento ¡guau!

Pero no todas las empresas tienen que ser Apple. Los despachos de abogados gestionan sus experiencias de cliente, también los fabricantes de tuberías y las funerarias. Todas ellas pueden realizar momentos de la verdad espectaculares y que marquen para toda la vida al cliente, pero no se puede caer en la trampa de que en el momento *cool* (guay) y ¡guau! el cliente tiene que ver fuegos artificiales. Una simple mueca de sonrisa o una cara de tranquilidad pueden ser suficientes.

Por eso existe mucha variedad de momentos de la verdad positivos y rentables; no nos quedemos sólo con los momentos ¡guau!, porque muchos de ellos caerán en momentos *plof* cargados de decepción por generar expectativas inalcanzables, y aún peor, momentos *arg,* en los que se acusa sonora una estampida.

5. No buscar soluciones mágicas que pongan patas arriba a la organización.

Trabajar con lo que ya se tiene y comenzar a construir la experiencia desde ahí es la mejor opción posible. Muchas estrategias experienciales se basan en el principio de destrucción, impuestas por el ego del consultor o del nuevo director de estrategia o experiencia de cliente. Con buena voluntad, creen que sólo derribando todo lo existente se puede construir una buena estrategia experiencial.

6. Ser lo suficientemente humildes como para aceptar que el cliente (interno y externo) es quien dirige la estrategia de la empresa.

Para ello se debe aceptar la muerte inesperada del gurú, aquella figura de la que nos enamoramos y todos queríamos imitar en los años noventa. Pese a decepcionar a aquellos que sueñan con ser gurús de la CEM, el único gurú es el cliente, pues es este quien realmente sabe lo que quiere y quien debe empujar a la empresa a ser o no ser innovadora. El problema es que hay que saber escuchar y preguntar correctamente sobre sus expectativas, las promesas que se les lanzan, sobre su visión del futuro, y con ello obtener conclusiones objetivas para ser trabajadas no necesariamente con el más reconocido consultor o profesional, sino con alguien que se involucre y al que le guste trabajar para hacer las cosas bien. La mayoría de las veces lo único que se necesita es saber leer lo que se tiene delante, y es eso lo que marca la diferencia entre una empresa y otra. La intuición u olfato de negocio ayuda, pero un correcto modelo de gestión de la voz del cliente y un buen profesional que sepa qué información es prescindible y cuál es esencial es lo que hace direccionarse a la empresa a la excelencia en la CEM.

7. Es imprescindible aceptar la omnicanalidad, pero aún más importante asumir la omnicompetitividad.

Es de todos conocido que el cliente no pasa por un solo canal, sino por varios antes, durante y después de adquirir un bien. Y a medida que las nuevas tecnologías —esto no ha hecho más que empezar— van avanzando, la canalidad será mayor y más variada.

Pero además, lo más preocupante ahora es la omnicompetitividad, algo que ya acepta todo el mundo. Se debe aceptar que cualquier empresa, en cualquier sector o industria, es competidora en experiencia. El cliente, tras realizar una transferencia en su portal de cliente de banca, de inmediato se mete a reservar un viaje, busca un hotel con encanto, valora el restaurante donde ha comido, compra unas entradas de teatro, visita una tienda de ropa –que más que tienda es un centro de entretenimiento y diversión– mientras recibe una llamada para mejorar su seguro médico. Y en su mundo experiencial, no ve diferencias entre unos y otros productos o servicios de diferentes industrias o sectores como los podemos ver nosotros desde una perspectiva internamente corporativa. El cliente simplemente siente emociones encontradas sobre si la usabilidad web de su supermercado es intuitiva y sencilla frente a la de la aseguradora de su vehículo, que necesita unos segundos de concentración para leer y pensar qué está haciendo en ese mismo momento. El cliente siente conflicto al no entender por qué no le importa realizar una cola para pagar en un lugar donde todo es atractivo, y se mata de los nervios en la cola de la sucursal del banco. De hecho, es que ya no comparamos cuánto tarda la cola del banco rojo frente a la del banco azul o cómo de sencillo es el portal del cliente de la telefonía móvil naranja frente a su competencia amarilla.

Para terminar, no olvidemos que las experiencias de usabilidad exquisitas, independientemente de la industria o sector en el que uno se encuentre, son como el primer amor verdadero, que siempre es el punto de referencia para todos los demás. La comparativa es inmediata y de por vida hasta encontrar a alguien que lo supere. Por todo esto, debemos saber que las grandes ideas experienciales con las que sorprender al cliente muchas veces están delante de nosotros y no hay que invertir grandes recursos en innovación y desarrollo. Tan sólo hay que observar qué se hace en otros sectores, industrias, países, universos.

En su día, fue un gran paso aceptar la omnicanalidad, donde vislumbramos un nuevo mundo creado por el canal. El siguiente paso a dar para lograr innovación creativa es asumir la omnicompetitividad.

4. Los empleados como clave de la generación de experiencias

Por mucho que diseñemos experiencias diferenciales para atraer, vincular y retener al cliente, los verdaderos actores encargados de entregar dicha experiencia son los empleados. Jack Welch, ex consejero delegado de General Electric, lo expresaba así: «al final, todas las operaciones de negocios pueden reducirse a tres palabras: gente, producto y beneficios. A menos que tengas un buen equipo, no tienes mucho que hacer con las otras dos».

Si bien no todas las experiencias son iguales ni son percibidas de la misma forma por personas diferentes, la realidad es que nuestros clientes viven experiencias en cada interacción con la compañía, al utilizar el producto o servicio y al recibir estímulos de la marca.

La mayor parte de las veces que un cliente se relaciona con la compañía lo hace de forma que su experiencia viene determinada por personas. Los empleados son, de forma directa o indirecta, los responsables de la experiencia que la empresa genera en el cliente.

Por mucho que hablemos de lo importante que es que las empresas escuchen a sus clientes y de cómo debe realizarse la interacción entre las marcas y sus potenciales clientes, este trabajo lo realizan los empleados, por lo que tenemos una importante labor que hacer con las personas de nuestra empresa en este sentido. Todas y cada una de las personas que forman parte de una compañía son potenciales portavoces de la empresa y parte fundamental de su imagen. Tenemos que empezar a darnos cuenta de que debemos invertir en transformar, capacitar e involucrar a todos los empleados en la estrategia de competir teniendo en cuenta la CX.

4.1. Candidatos, empleados y antiguos empleados

Cuando se comienza a tratar el tema de la importancia del empleado sobre la CX lo normal es comenzar planteando la necesidad de seleccionar a los mejores candidatos, los procesos de inducción o capacitación inicial del personal, la formación continuada o aspectos que trataremos más adelante sobre cómo generar compromiso y motivación. Sin embargo, pocas organizaciones tienen un enfoque global en su relación con las personas que deben entregar la experiencia que queremos a nuestros clientes.

La organización tradicional tiende a observar a los candidatos como meros aspirantes a formar parte de la empresa, sin darse cuenta de que la experiencia que vivan los candidatos durante el proceso de selección es quizá la más importante que estas personas van a tener de la empresa, siendo en muchos casos el principal momento de la verdad en su experiencia como empleado, por lo que puede influir de forma muy importante en su actitud y comportamiento futuros.

Igualmente, no es habitual encontrar una empresa en la que se trabaje en mantener una relación con los antiguos empleados *(alumni)*, sea cual fuere el motivo por el cual dejaron de ser empleados.

Si trabajáramos en diseñar el *customer journey* de los empleados, algo que muy pocas empresas realizan, nos daríamos cuenta de que la experiencia de empleado comienza antes incluso de participar en el proceso de selección como candidato. De la misma forma, su influencia sobre actuales y futuros empleados e incluso sobre nuestros clientes va a seguir existiendo una vez que abandonen la compañía. Por ello lo conveniente a la hora de trabajar en mejorar la experiencia de empleado es hacerlo de forma integral, es decir, diseñando las experiencias desde la selección hasta después incluso de la desvinculación contractual.

Es decir, para mejorar la experiencia de empleado debemos hacer lo mismo que para mejorar la CX: ponernos en su piel, identificando qué vive hoy, determinando dónde se puede mejorar y dónde innovar para generar satisfacción. Para ello debemos contemplar al menos tres ámbitos de la vida del empleado:

- Relación con la empresa: momentos que suceden una o pocas veces especialmente relevantes para la compañía, como el proceso de selección, la entrada en la empresa, bienvenida, una promoción o la salida. Ejemplos como *packs* y acciones de bienvenida, las reubicaciones u *outplacements* o un encuentro o *roadshow* del director general son iniciativas cada vez más usadas en este ámbito.

- Momentos puntuales en la vida como empleado: aquellos que afectan de forma directa al trabajo del empleado (la evaluación de desempeño, la entrevista de desarrollo o el establecimiento de objetivos tanto personales como los de área). Como veremos más adelante, desarrollar mecánicas de vinculación y de reconocimiento de logros alcanzados va a influir de forma importante en la experiencia como empleado.

- Momentos importantes en la vida de las personas: hay que trabajar también en los hitos que suceden a lo largo de la vida y que tienen repercusión en el ámbito laboral (casarse, tener un hijo, una enfermedad, fallecimiento de allegados).

Diseñar iniciativas específicas para estos momentos tiene un gran impacto en la experiencia de empleado, y en función de lo que se busque se podrá cumplir o incluso sorprender, igual que ocurre cuando se busca incorporar mejoras en la CX.

4.2. El nivel de compromiso de los empleados

En la actualidad existe consenso respecto a que el compromiso organizacional es un concepto multidimensional, es decir, que bajo la denominación de compromiso común existen diferentes tipos de compromiso independientes entre sí, de manera que una persona puede desarrollar uno u otro tipo de compromiso.

Uno de los modelos multidimensionales más populares fue propuesto en 1991 por los profesores John P. Meyer y Natalie J. Allen[2]. Para estos autores el compromiso se divide en tres componentes diferenciados:

- Compromiso afectivo, es decir, la adhesión emocional del empleado hacia la empresa, adquirido como consecuencia de la satisfacción por parte de la organización de las necesidades y expectativas que el trabajador siente.

- Compromiso de continuación como consecuencia de la inversión de tiempo y esfuerzo que la persona tiene por su permanencia en la empresa y que perdería si abandonase el trabajo.

- Compromiso normativo: deber moral o gratitud que siente el trabajador que debe responder de manera recíproca hacia la empresa como consecuencia de los beneficios obtenidos (trato personalizado, mejoras laborales, entre otros.).

El nivel y el tipo de compromiso de los empleados inciden tanto en la voluntad de permanencia como en el esfuerzo que están dispuestos a hacer para aumentar su dedicación y nivel de contribución en la organización.

Richard S. Wellins, Paul Bernthal y Marc Phelps[3], de la asesoría de talento directivo Development Dimensions International (DDI), van más lejos y defienden que el compromiso de los empleados con la compañía se ha convertido en la fuente primaria de su ventaja competitiva:

«Como todos sabemos, los productos pueden ser fácilmente copiados, un descubrimiento tecnológico puede ser fugaz, y las instalaciones se pueden construir o destruir, pero la calidad del talento en una organización, su pasión y compromiso es casi imposible de replicar. El compromiso es el combustible».

En su trabajo, estos autores presentan un catálogo de acciones orientadas a cómo trabajar e incrementar el nivel de compromiso de los empleados:

- Ser consciente de que se trata de una iniciativa a largo plazo. Incrementar el nivel de compromiso es un proceso de mejora continua. Alcanzar altos niveles de compromiso en los empleados puede llevar años, y sin el cuidado adecuado y realimentación apropiada todo lo ganado puede perderse muy rápidamente.

- Debe ser dirigido desde arriba. El compromiso es una necesidad de la empresa, no una iniciativa de recursos humanos, aunque este departamento debe ser un jugador clave en la consecución de altos niveles de compromiso.

- El compromiso tiene mucho que ver con el encaje de la persona en la empresa. Las personas tienden a sentirse más comprometidas con la organización si sus trabajos y la cultura encaja (coincide) con sus habilidades y competencias, así como con su motivación y valores. La mayor parte de las empresas contratan enfocándose solamente en las habilidades y competencias ignorando si la persona encaja con el nivel de motivación requerido y los valores de la empresa.

- Es importante comunicar a los empleados hacia dónde se está dirigiendo la organización y cuál es la meta, así como transmitir la importancia de cada uno para conseguirla. Describir los planes que lo lograrán y de los cuales forman parte. Darles un propósito. Puede resultar obvio, pero si se emplea tiempo en explicarles para qué sirve lo que hacen, los empleados sentirán la satisfacción de saber que lo que hacen con sus vidas cuenta, que tiene significado.

- Cuando las personas comprenden cuál es su misión, incrementar su autonomía y la responsabilidad hacia su propio trabajo aumentará su compromiso. Puede ser en forma de lo que se denomina empoderamiento o a través de mayores parcelas de responsabilidad, flexibilidad en los horarios o posibilidades de teletrabajo. Este tipo de opciones les hará más responsables y se preocuparán más por alcanzar las metas de la compañía porque sentirán el proyecto como suyo.

- Incorporar a los empleados clave en el proceso. Enseñar produce una gran satisfacción, de manera que si a los empleados más implicados se les da la misión de difundir el conocimiento y la conducta que les hace ser excelentes, estaremos generando la cultura de empresa que se necesita. Por su parte, ellos se sentirán especiales y tendrán un motivo más para continuar en la empresa. Podrán testear nuevos productos, recibir algún pequeño incentivo o participar en proyectos piloto.

- Promover proyectos para realizar en común y que van más allá del trabajo resulta beneficioso. Estas actividades son fuente de compromiso porque crean espíritu de equipo. El voluntariado y las actividades deportivas o sociales generan un clima positivo y hace que los empleados se conozcan mejor y estrechen lazos más allá del ámbito laboral, lo que repercute en una mejor comunicación de vuelta al trabajo.

- Ser consciente de la importancia del jefe inmediato del empleado. La mayor parte de personas no renuncian a sus empleos; renuncian a su jefe. Cuando un equipo está altamente motivado, es muy posible que tenga detrás un líder que está haciendo *coaching* con el equipo, estableciendo metas claras, delegando responsabilidad, dando una realimentación honesta y abierta, y persiguiendo que las personas se sientan valoradas.

Lograr el compromiso del empleado significa llegar al corazón del trabajador. Los empleados altamente comprometidos dan ese esfuerzo extra porque su trabajo les importa. Y les importa porque a su vez sienten que son importantes para la empresa.

5. La motivación como herramienta. Tácticas de manejo de emociones

Abraham Maslow publicó en 1943 su obra *A Theory of Human Motivation,* en la que presentó su teoría sobre el funcionamiento de la motivación de las personas. Maslow afirmaba que todos los seres humanos poseen una naturaleza que está marcada por una serie de necesidades que tienen que satisfacer:

- Necesidades fisiológicas: comer, beber, dormir, relaciones sexuales.

- Necesidades de protección y seguridad.

- Necesidades de valoración.

- Necesidades de estimación y aceptación social.

- Necesidades de autorrealización.

Si una persona tiene satisfechas las necesidades, entonces estará sana y feliz. Por tanto, según Maslow, aquello que motiva a la persona es la búsqueda del equilibrio entre la necesidad y su satisfacción.

Maslow plantea que estas necesidades están establecidas de forma jerárquica, es decir, que las primeras se han de satisfacer antes que el resto en lo que se conoce como la pirámide de Maslow. El establecimiento de necesidades implica una teoría dinámica de las motivaciones en las personas. Esto quiere decir que una persona no se queda parada cuando ha satisfecho una necesidad, sino que inmediatamente desea satisfacer las necesidades siguientes y así sucesivamente.

A diferencia de las teorías preexistentes que defendían la tendencia humana al equilibrio, Maslow defiende la teoría del desarrollo, de tal manera que el hombre nunca se manifiesta satisfecho del todo y siempre quiere ir más allá. Esta teoría culmina con las necesidades de crecimiento, que no tienen límite.

Cuadro 3.9 La pirámide de las necesidades de Maslow

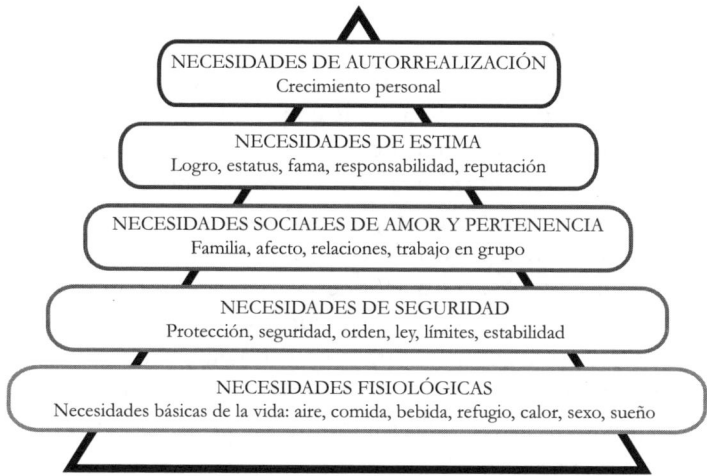

La teoría de Maslow obtuvo una importante notoriedad no sólo en el campo de la psicología, sino también en el ámbito empresarial, y ha sido ampliamente estudiada y criticada, ya que a pesar de su indudable novedad no consigue explicar aspectos importantes de la conducta humana.

Fue Frederick Herzberg, una de las más destacadas figuras de la psicología industrial y organizacional del siglo XX, quien basándose en sus trabajos e investigaciones vino a completar la teoría de Maslow al formular las conocidas teorías de los dos factores de la motivación y del enriquecimiento del trabajo.

Herzberg y sus colaboradores descubrieron durante sus estudios que la motivación en los ambientes laborales se deriva de dos conjuntos de factores independientes y específicos:

• Factores de higiene: son los asociados con los sentimientos negativos o de insatisfacción que los empleados aseguraban experimentar en sus trabajos y que atribuían al contexto de sus puestos de trabajo. Herzberg los denominó factores de higiene porque actuaban de manera análoga a los principios de la higiene médica: eliminando o previniendo los peligros a la salud. Los factores de higiene abarcan aspectos tales como la supervisión, las relaciones interpersonales, las condiciones físicas del trabajo, las remuneraciones, las prestaciones, la seguridad en el trabajo, y las políticas y prácticas administrativas de la empresa, entre otros. De acuerdo con Herzberg, cuando dichos factores no están presentes o se aplican incorrectamente impiden que el empleado logre satisfacción. Sin embargo, cuando están presentes, no originan en los empleados una fuerte motivación, sino que sólo contribuyen a disminuir o a eliminar la insatisfacción.

• Factores motivadores: el segundo conjunto de factores se asociaba con las experiencias satisfactorias que los empleados experimentaban y que tendían a atribuir al contenido de sus puestos de trabajo. Herzberg los denominó factores motivadores. Entre estos se incluyen aspectos tales como la sensación de realización personal que se obtiene en el puesto de trabajo, el reconocimiento del desempeño, lo interesante y trascendente de la tarea que se realiza, la mayor responsabilidad de que se es objeto por parte de la gerencia, y las oportunidades de avance profesional y de crecimiento personal que se obtienen en el trabajo, entre otros. Herzberg sostuvo que si estos factores están presentes en el puesto de trabajo contribuyen a provocar en el empleado un elevado nivel de motivación, lo que le estimula a un desempeño superior.

Este hallazgo le permitió a Herzberg establecer uno de los principios más importantes en el campo de la motivación laboral: los factores responsables de la satisfacción profesional están desligados y son independientes de los factores responsables de la insatisfacción profesional, lo que expresó con estas palabras:

«El inverso a la satisfacción profesional no es la insatisfacción, es no tener satisfacción profesional alguna; de la misma manera, lo opuesto a la insatisfacción profesional es carecer de insatisfacción profesional y no la satisfacción».

En el mejor de los casos, los factores de higiene no producen satisfacción alguna y pueden generar insatisfacción. Por el contrario, los motivadores dan origen a satisfacciones y, en el peor de los casos, no crean insatisfacción.

Herzberg presentó al mundo empresarial dos revolucionarias ideas:

• La primera de ellas fue que por ser la satisfacción y la insatisfacción laboral dos dimensiones distintas e independientes, las estrategias motivacionales que se habían venido empleando, como mejorar las relaciones humanas, aumentar los incentivos salariales, y establecer condiciones adecuadas de trabajo, eran incorrectas; tales elementos no generan una mayor motivación; en el mejor de los casos sólo actúan previniendo o eliminando la insatisfacción.

• La segunda idea fue sostener que el solo aumento de los salarios, sin que la gerencia se preocupara de las condiciones en que se realizan las tareas, no sirve para motivar. De acuerdo con Herzberg, en la medida en que el dinero se convierte en un factor estándar en el trabajo, pierde inmediatamente su capacidad motivadora.

En cierta medida, las conclusiones de Herzberg coinciden con la teoría de Maslow en que los niveles más bajos de necesidades humanas tienen relativamente poco efecto en la motivación cuando el patrón de vida es elevado.

Sin embargo, la gran aportación de Herzberg fue precisamente descubrir que ambos grupos eran independientes y que la motivación de los factores higiénicos era muy breve, mientras que la que consiguen los factores motivacionales es permanente.

Cuadro 3.10 Herzberg completa a Maslow

Jerarquía de necesidades de Maslow frente a factores de higiene-motivación de Herzberg

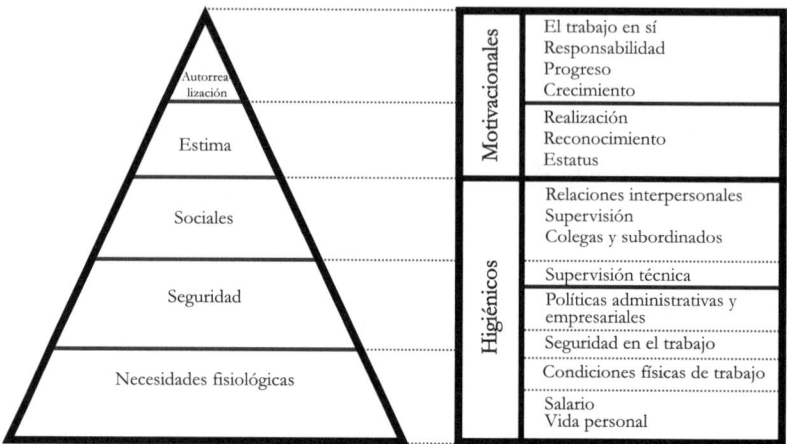

En 1995 Daniel Goleman, profesor de psicología en la Universidad de Harvard, publicó su conocido libro *La inteligencia emocional,* en el que puso de manifiesto que el factor más importante a la hora de conocer qué va a hacer una persona es lo que denominó su «inteligencia emocional», mientras que lo que se venía a evaluar de las personas a la hora de seleccionarlas para un trabajo era lo que sabían a través métodos de evaluación de su «cociente intelectual» (CI). Y para Goleman eso servía de bien poco a la hora de anticipar su éxito en el desempeño.

Existen, según Goleman, al menos cinco aspectos de la inteligencia emocional:

1. Conocer las propias emociones. Se refiere a tener consciencia de uno mismo, reconocer el sentimiento mientras está ocurriendo. La habilidad de advertir los auténticos sentimientos, poder simbolizarlos y nombrarlos correctamente es un factor clave de la inteligencia emocional. Las personas que tienen una mayor certidumbre con respecto a sus sentimientos son mejores guías de sus vidas y pueden tomar decisiones más acertadamente.

2. Manejar las emociones. El manejo de los propios sentimientos y su adecuada expresión son habilidades que se siguen de la anterior. Básicamente esto tiene que ver con aprender a tener un cierto

distanciamiento de los asaltos emocionales como la irritabilidad, la ansiedad y la melancolía, así como lograr una expresión emocional auténtica y satisfactoria. Evitar los extremos del descontrol y el inunde emocional, por un lado, y de la represión e inhibición, por el otro, capacita para enfrentar mejor la frustración y los reveses de la vida.

3. La motivación intrínseca. Esta capacidad de la inteligencia emocional consiste en lograr el autodominio emocional y la automotivación en metas de largo plazo. Esto permite enfrentar las tareas con un buen nivel de fluidez emocional, armonía y ausencia de ansiedad, y facilita una mayor eficacia en el desempeño. Cuando las personas están provistas de una motivación intrínseca y disfrutan de lo que hacen, su productividad aumenta a la vez que pueden establecer contactos interpersonales saludables.

4. Reconocer las emociones en los demás. La empatía o capacidad de conectarse con las necesidades y sentimientos de los otros es una habilidad fundamental en las personas. Quienes logran desarrollar esta habilidad tienen enormes ventajas para desempeñarse con éxito en la vida personal y en la profesional, ya que tenderán a establecer contactos personales de colaboración y mutuo entendimiento.

5. Manejar las relaciones. La competencia social, la eficacia interpersonal y el buen manejo de las comunicaciones son habilidades que posibilitan el liderazgo, el manejo de grupos y la popularidad. Tener aptitudes en las relaciones interpersonales es el último aspecto de la inteligencia emocional.

El desarrollo de las competencias emocionales y la gestión de las emociones se han convertido en un elemento clave de las organizaciones por distintos motivos: la existencia de modelos de cultura organizacional débiles en los que existen pocas conexiones entre los trabajadores y la empresa (falta de identificación); los conflictos entre empleados y directivos a nivel comunicacional y operativo; la necesidad de conseguir una motivación real en el trabajo en equipo y en el liderazgo de grupos, y los cambios producidos en las relaciones con los clientes y la necesidad de diferenciarse mediante servicios.

Asimismo, para la gestión emocional de equipos de trabajo, Goleman desarrolló un modelo de liderazgo[4] basado en una serie de competencias relacionadas con cuatro áreas de entrenamiento:

1. Conocimiento de uno mismo: conocer con exactitud nuestros propios sentimientos, preferencias, metas y valores; percibir cómo se sienten los demás en relación con nosotros y utilizar esta información para guiar nuestro comportamiento.

2. Gestión y motivación de uno mismo: manejar bien el estrés; controlar los estados de ánimo o los estallidos emocionales propios sin reprimir la expresión de emociones; tener capacidad de adaptación y equilibrar las consideraciones racionales y las emocionales. Lo importante es trabajar y sentir satisfacción.

3. Conocimiento de los demás: comprender a los demás con facilidad, tener empatía, saber escuchar y saber interpretar las señales no verbales que emiten los demás. Esta capacidad se manifiesta a través de un conjunto de habilidades que facilitan a la persona que las desarrolla una excelente relación con sus semejantes.

   Para llegar a ser empático hay que empezar por sentir curiosidad por las personas, lo que significa interesarse por sus experiencias, escuchar de forma activa e interesada sus historias como si fuesen relatos únicos jamás contados.

4. Gestión de los demás e influencia: encontrar un terreno común para conectar con los demás y manejar la influencia; minimizar los conflictos, ser agradable y mantener unas relaciones positivas con los otros; tener integridad y coherencia personal.

   Los despachos han dejado de ser el refugio de los líderes emocionales, a los que ahora se les debe ver por los pasillos, creando redes de comunicación, relacionándose directamente con el equipo de trabajo, captando el grado de satisfacción de todos, en definitiva, ocupándose de la gestión emocional del equipo, cuyas variables que intervienen en su éxito deben ser conocidas en profundidad.

El entrenamiento y desarrollo de estas capacidades va a permitir una correcta gestión emocional de los equipos de trabajo. El estado de la gestión emocional de los equipos se puede valorar a través de dos indicadores:

1. Por un lado, si el tiempo de trabajo en equipo se ha convertido en un espacio de intercambio de experiencias y de nuevas ideas controlando a las personas que obstaculizan el intercambio.

2. Por otro, si la comunicación fluye entre los distintos equipos y departamentos de la organización de forma colaborativa superando la privacidad y el ocultismo propio de las tendencias competitivas.

Resolver los conflictos es una de las dificultades más importantes con que se encuentran los grupos de trabajo para llevar con éxito cualquier proyecto común. El líder debe tener en cuenta las personalidades de sus colaboradores para detectar cualquier signo de patología o trastorno de personalidad que deba ser controlado, a riesgo de convertir en improductivo un equipo o hacer que derroche su energía inútilmente.

5.1. La cultura empresarial como elemento de vinculación emocional

Cuando se habla de cultura organizacional, se hace referencia a un patrón de conducta común, utilizado por los individuos y grupos que integran una organización con personalidad y características propias. Se trata de un conjunto dinámico de valores, ideas, hábitos y tradiciones compartido por las personas que integran una organización, que regulan su actuación.

La cultura es un factor que influye en las prácticas y actitudes administrativas y no administrativas de los miembros de la organización. Las organizaciones tienen una cultura propia, pero ella es, a su vez, un reflejo de la sociedad circundante, de los sistemas de valores de estas sociedades y naciones, de su filosofía, de su política, de su religión.

Para Edgar Schein, exprofesor de la escuela de negocios Sloan del Instituto Tecnológico de Massachusetts (MIT) y considerado uno de los padres del concepto de cultura de las organizaciones, se distinguen tres niveles de elementos integrantes de la cultura organizativa:

- Nivel 1: producciones. Es el más visible e incluye el espacio físico, capacidad tecnológica, lenguaje, conducta observada en los miembros de una organización, producciones artísticas; en general, se compone de todos aquellos elementos que pueden captarse con nuestros sentidos.

- Nivel 2: valores. Son los que la organización y sus miembros piensan que deben ser, en función de lo cual actúan de una u otra manera.

- Nivel 3: está formado por una serie de presunciones básicas, invisibles y preconscientes que se dan por sentadas. Son cuestiones indiscutibles y asimiladas por el personal, que piensa que determinadas cosas son así porque no pueden ser de otro modo.

Es la cultura organizacional la que define el comportamiento, motiva a sus integrantes y afecta a la forma en que la organización se orienta al cliente. La cultura empresarial u organizacional es un aspecto importante para conseguir la vinculación emocional de los empleados con la compañía.

Para Schein la cultura organizacional es la médula de la organización, es la fuente invisible donde la visión adquiere su guía de acción. El éxito de los proyectos de transformación de las organizaciones depende del talento y de la actitud de la gerencia para cambiar la cultura de la organización.

Para el cambio de una cultura son fundamentales estos elementos:

- Los métodos de medición y control.

- Los estilos que se emplean en momentos complejos.

- Los roles que se utilizan en los procesos de captación y orientación.

- Los criterios para asignar estímulos y recompensar lo positivo.

- Los criterios para realizar promociones, despidos y la contratación de nuevos miembros.

La notable diferencia existente entre las diversas filosofías organizacionales es lo que hace que la cultura de cada organización se considere única y exclusiva, lo que a su vez posibilita un alto grado de entendimiento e interrelación entre sus miembros.

La cultura determina lo que las personas involucradas en ella consideran correcto o incorrecto, así como sus preferencias en la manera de ser dirigidos. Tiene la particularidad de manifestarse por medio de conductas significativas de los miembros de una organización, las cuales facilitan el comportamiento en ella, y se identifican mediante un conjunto de prácticas gerenciales y supervisoras como elementos de la dinámica organizacional.

La cultura presenta varias funciones en el seno de una organización: 1) cumple la función de definir los límites hasta los cuales los comportamientos difieren unos de otros y son aceptables; 2) transmite un sentido de identidad a sus miembros; 3) facilita la creación de un compromiso personal con algo más amplio que los intereses del individuo; y 4) incrementa la estabilidad del sistema social.

Una cultura empresarial orientada a la vinculación emocional del empleado debe tener estas funciones:

- Aportar valor al cliente como verdadero foco de la empresa.

- Realzar el valor de los recursos humanos.

- Promover la competitividad e innovación.

- Motivar la capacitación permanente.

- Defender la horizontalidad, la participación, la responsabilidad, el respeto mutuo, la honestidad.

- Comunicar un sentimiento de identidad a los miembros de la organización.

- Promover el empoderamiento de los empleados para la mejor realización de sus funciones.

- Utilizar los fallos y errores cometidos como fuentes de aprendizaje.

- Estimular el uso de premisas reconocidas y aceptadas para la toma de decisiones.

Una cultura empresarial centrada en clientes y empleados vincula racional y emocionalmente a todos los recursos humanos en torno a la visión y misión empresariales, y su existencia y solidez puede ser entendida como una manifestación de liderazgo empresarial.

La cultura también refuerza la expresión y el valor de la marca y es directamente un factor de competitividad y eficacia organizativa.

Para los empleados aporta coherencia, sentido y motivación a sus comportamientos cotidianos, actuando como elemento de orgullo corporativo. Les proporciona un punto de referencia que sirve para interpretar las situaciones, tomar decisiones y ejecutar acciones.

04
Modelos de medición y cuadros de mando para identificar y conocer a nuestro cliente

José Manuel Brell, socio fundador de Brain Trust CS y consultor experto en marketing y operaciones.

1. Quién es nuestro cliente. Identificando al cliente por arquetipos: análisis etnográfico

La etnografía es una rama de la antropología que se ocupa del estudio de grupos sociales, colectivos, o comunidades de individuos que comparten algún rasgo en común significativo para una estrategia de marketing o de comunicación. Este rasgo en común puede ser el pertenecer a un mismo espacio institucional, compartir ciertos hábitos de tiempo libre, convivir en ciertos espacios urbanos o pertenecer a un segmento generacional de rasgos especialmente definidos en sus estilos de vida o sus comportamientos de consumo, por ejemplo.

Estos colectivos o grupos sociales suelen tener en mayor o menor medida un modelo de identificación a través de una identidad cultural compartida, muchas veces consciente, asumida, y en muchos casos con atributos explícitos. La investigación etnográfica se aplica al estudio de estos grupos sociales desde una perspectiva conceptual y metodológica particular.

Los antropólogos han ido desarrollado técnicas de investigación etnográfica que resultan imprescindibles para el estudio de los fenómenos sociales y culturales, y que demuestran extraordinaria aplicabilidad en los campos del marketing y especialmente en el análisis de la CX y su *customer journey*.

El principal método específico de los estudios etnográficos ha sido siempre la observación participante, con todas sus variantes y otros recursos técnicos asociados. El investigador participa durante un tiempo en los ámbitos naturales en que los perfiles estudiados viven y actúan. Al participar como uno más en estos ambientes, el investigador experimenta personalmente las experiencias de vida, de compra y consumo, de convivencia, de actividades y de interacciones entre los individuos, compartiendo con ellos estas experiencias como uno más. Y desde esta participación desde dentro realiza sus observaciones, análisis e interpretaciones.

Supongamos que queremos analizar la gestión del proceso de alta en un operador, el acceso a un campo de fútbol o el uso de un nuevo programa informático. Sería interesante diseñar ese proceso y analizarlo desde el punto de vista de las tipologías de usuarios para ver qué interacciones son críticas, qué se espera de ellas y, puesto que estamos en un análisis etnográfico, cómo se inscriben esos pasos en su cultura y pertenencia grupal para ver si son relevantes o no. Por ejemplo, cuando una persona quiere acceder a un estadio de fútbol, no siempre busca la rapidez; a veces es interesante la socialización con amigos, quedar antes para tomar unas cervezas. Es en todo ese proceso en donde debemos ver si podemos realizar aportaciones relevantes.

También cada grupo de usuarios va a tener un *customer journey* diferente. Por ejemplo, en referencia al caso anterior del partido de fútbol, mientras que el grupo 1 se plantea el partido como un evento esencialmente social en el que participa junto con sus amigos desde antes hasta bien pasado el partido, podría haber un grupo 2 que se lo plantea como un mero entretenimiento que se limita a la asistencia. Esta diferencia no hace mejor al grupo 1 frente al 2; sencillamente los hace distintos, con posibles necesidades distintas y *customer journeys* diferentes que deberemos analizar.

La investigación etnográfica es predominantemente cualitativa, aunque no excluye la utilización de encuestas. La mayoría de los investigadores actuales combinan técnicas cualitativas y cuantitativas de muy diversas maneras, y las técnicas usadas en cada momento dependen de los objetivos de cada estudio y sus circunstancias.

Para investigar ciertos perfiles de públicos, y para determinados tipos de temas, es necesario combinar procedimientos de observación participante con entrevistas en profundidad, grupo de discusión, análisis de contenidos en fuentes documentales y encuestas. Incluso para algunos temas es necesario incluir técnicas experimentales y en otros casos investigar mediante la implantación de prototipos y experiencias piloto.

Sin embargo, la aplicación combinada de los dos métodos básicos de la investigación etnográfica (la observación participante y las entrevistas en profundidad con personas que reúnen los perfiles que se desea estudiar) puede ser suficiente para diseñar y analizar en profundidad los distintos *customer journeys* que viven los clientes.

2. Cómo identificar los arquetipos o perfiles conductuales del cliente

Son arquetipos de perfiles de tipos de usuarios que permiten entender al cliente en su mundo y llegar a empatizar con él. El objetivo es hacer una investigación contextual como una herramienta para ayudarnos en el análisis y diseño del servicio *(service design)* y a entender las interacciones del cliente (es decir, investigación de la experiencia de usuario, *user experience research)*.

Para ello buscamos empatizar con los clientes con el fin de reconocer otros modos de pensamiento, emociones o puntos de vista. Analizaremos los siguientes elementos:

- La escucha. Cuando se está analizando la experiencia de usuario *(user experience,* UX), lo primero es observar comportamientos y escuchar entre líneas. Sólo hay que abrir bien los oídos cuando el individuo se comunica, transmite cómo es y cuáles son sus necesidades e incluso qué hace en el día a día.

- Cómo piensa. Se trata de intentar entender su mecanismo de pensamiento para comprender cómo funciona su mundo. Esto nos permitirá describir su comportamiento, su filosofía y su pensamiento.

- Qué siente. Cada arquetipo va a tener en mente el producto de una manera diferente. Unos desearán una cafetera de ocho tazas para cuando invitan a gente a comer a casa y otros querrán una cafetera que haga el café rápido para tardar poco en el desayuno cada mañana.

- Qué hace. Esta es la parte más sencilla para conocer su rutina y su contexto de vida. Suele ser en el primer capítulo donde se construye al personaje.

Este análisis ayudará a conocer a los clientes, de forma que la suma de los arquetipos represente a una mayoría de los clientes, y cada uno de ellos perciba que somos capaces de llegar a sentirnos como él. Con este objetivo se utilizan los modelos de medición denominados la voz del cliente.

3. Distintos enfoques de medición de la experiencia de cliente. La voz del cliente

Dentro de las mediciones cuantitativas, y en el caso específico de la CX, se distinguen dos grandes enfoques de medición: el enfoque de arriba abajo *(top-dow)* y el enfoque de abajo arriba *(bottom-up)*.

- El enfoque de arriba abajo

Consiste en identificar la CX con el conjunto de la compañía utilizando alguno de los indicadores vistos con anterioridad y, a partir de ahí, descender en las motivaciones para lograr comprender la causa de esa experiencia y, de esta manera, mejorarla.

- El enfoque de abajo arriba

Consiste en la identificación de la CX con productos o servicios concretos de la compañía y, a partir de ahí, uniendo todos las experiencias parciales obtener una experiencia global de la compañía. Una de las principales diferencias con el enfoque de arriba abajo es que minimiza el impacto de los factores más emocionales asociados a la experiencia.

Cuadro 4.1 ¿Qué enfoque conviene utilizar?

Enfoque de arriba abajo	Enfoque de abajo arriba
• Recomendado cuando se quiere evaluar la experiencia de los clientes con la compañía en su conjunto. • Recomendado cuando se desea incorporar a la experiencia el máximo número de factores emocionales posibles. • Recomendado cuando el fin principal de la medición es la realización de un diagnóstico y una búsqueda de causas a nivel macro. • Su principal limitación consiste en la dificultad de identificación de palancas concretas de mejora en algunos casos, tanto por la presencia de factores emocionales como por el carácter macro del enfoque, que dificulta llegar a los aspectos de detalle que deben ser mejorados.	• Recomendado cuando se quiere evaluar la experiencia de los clientes con un producto o un servicio concreto de la compañía. • Recomendado cuando se pretende reducir al máximo el número de factores emocionales que intervienen. Se busca una evaluación lo más objetiva posible. • Recomendado cuando el fin principal de la medición es una evaluación o la identificación de causas a nivel micro. • Su principal limitación consiste en la parcialidad de la medición, ya que sólo se obtiene la valoración de una parte del servicio entregado al cliente. Adicionalmente, la complejidad de las emociones y la heterogeneidad de los seres humanos provoca que no sea sencillo la obtención de un todo a partir de las partes.

Debido a las ventajas e inconvenientes de ambos enfoques, en muchas compañías se utilizan con carácter complementario.

A la hora de vincular los indicadores de negocio con la CX, hay que considerar dos potenciales enfoques:

A) Indicadores de negocio que ayudan a explicar la CX.

Mediante este enfoque se trata de identificar los parámetros de negocio que más contribuyen a explicar la CX, es decir, verificar que la evolución de tal o cual indicador tiene un impacto directo en la CX. A modo de ejemplo de esta tipología de indicadores se podrían citar algunos, como nivel de servicio en un centro de atención o caídas en un servicio de televisión de pago.

La identificación de los indicadores de negocio que se asocian con la CX y el nivel de relación que tienen presenta dos grandes ventajas:

- Permiten aislar los aspectos del negocio que mayor impacto tienen en la CX, facilitando así la focalización de esfuerzos en la mejora de los mismos.

- Posibilitan la obtención de indicadores adelantados de la experiencia, ya que normalmente se dispone de ellos con mayor asiduidad y a menor coste que con la medición directa de la CX.

Para el desarrollo de estas relaciones se suele utilizar el enfoque de abajo arriba.

B) Indicadores de negocio que vienen explicados por la CX

En este caso se trata de identificar los aspectos más directamente vinculados al negocio que resultan impactados por la entrega de una buena o mala CX. Aquí sí nos encontramos indicadores de envergadura, como crecimiento de las ventas, crecimiento de la base de clientes, *up selling* (técnica de ventas para inducir al cliente a comprar lo que más beneficio da a la empresa) y *cross selling* (técnica de ventas para animar al cliente a adquirir productos complementarios al que ha comprado), fidelidad, lealtad, entre otros.

La ventaja de encontrar estos indicadores y relaciones estriba fundamentalmente en el reconocimiento y la demostración a toda la organización de que la CX es un aspecto a mejorar continuamente y que tiene una importancia clave en todas las empresas. Del mismo modo, y en términos más prácticos, también ayuda a comprender las evoluciones que pueden experimentar determinados indicadores de negocio en un momento dado.

Existe abundante literatura en la que se muestran ejemplos de la relación existente entre la CX y algunos de los indicadores más relevantes. Sin embargo, la identificación de estas relaciones no siempre es fácil: es muy habitual que en las organizaciones y en el intento de vincular negocio con indicadores de experiencia surjan dudas.

I. Obtengo buenos indicadores en las mediciones de experiencia, pero los resultados de negocio no me acompañan.

Este es uno de los problemas más habituales a los que se enfrentan las organizaciones. La causa más habitual en estos casos está relacionada con carencias en la medición de la experiencia, es decir, lo que se está midiendo como experiencia no es lo que se requiere.

En muchos casos, intereses creados dentro de la propia organización o la necesidad de que los resultados de experiencia acompañen son las motivaciones últimas que justifican estas carencias.

La revisión de los modelos y mecanismos de medición tiene que ser la base sobre la que se asiente la corrección de este problema.

II. No encuentro un indicador que relacione CX y negocio.

Como ya se ha mencionado anteriormente, la vinculación ente indicadores de negocio y CX no es tarea fácil. Cuando no se encuentra un indicador que vincule de manera sólida la CX y el negocio, la solución más aconsejable es el análisis de indicadores y maneras de medir alternativos que permitan la identificación de nuevas relaciones.

También en estos casos puede ser aconsejable desarrollar un análisis micro abarcando grupos de clientes reducidos con un perfil lo más homogéneo posible, y partir de ahí, ir extendiendo los modelos al conjunto de la organización.

III. La experiencia que yo entrego es buena, pero otros competidores con el precio más bajo hacen que mis resultados no sean buenos.

Este ha sido uno de los comentarios más extendidos en muchas organizaciones, especialmente en momentos de crisis. Sin embargo, es necesario recordar que siempre hay una experiencia capaz de superar un diferencial de precio, y si no la hubiera, sería necesario buscarla. Tal como se decía anteriormente con la calidad, lo importante es ser capaz de tener una adecuada relación experiencia-precio.

IV. Los clientes de más valor para mí son los que peor experiencia declaran que están teniendo.

Este es un punto complejo, que se repite en muchas organizaciones y que puede llegar a confundir y a desvirtuar. A la hora de medir y cuantificar el nivel de experiencia es muy importante saber con claridad las diferencias existentes entre los distintos clientes tanto en términos de expectativas (cualitativas y cuantitativas) como en términos de valoración. Por tanto, conviene siempre tener presente que las relaciones se observan e identifican mejor cuanto más homogéneo sea el perfil de los clientes sobre los que se pretende establecer relaciones.

V. ¿Para qué quiero relacionar experiencia con negocio?

Aunque esta pregunta ya se ha contestado en ese mismo epígrafe, es conveniente recordar que las ventajas fundamentales son estas:

• Permite transmitir a la organización la importancia de la CX y así orientarla a la entrega de la mejor experiencia permanentemente.

• Permite comprender el porqué de la evolución de los indicadores de negocio, lo que facilita la adopción de medidas correctoras en caso de desviaciones negativas de los mismos.

• En el caso de los indicadores que ayudan a explicar la experiencia, la principal ventaja estriba en la identificación de las variables clave que definen la experiencia y en la posibilidad de disponer de un indicador adelantado de la misma.

VI. En mi sector la CX no tiene nada que ver con el negocio.

En todos los sectores la CX está vinculada al negocio, tanto si se trata de llegar directamente al consumidor *(business to consumer,* B2C) como a otra empresa *(business to business,* B2B). Es cierto que la importancia relativa en algunos casos es superior a la de otros, pero en todos lo que determina la decisión de repetir compra, recomendar o mantenerse fiel a una marca es la CX.

Sí conviene recordar que la presencia de factores más emocionales en la configuración de la CX puede variar de un sector a otro, de tal forma que en algunos casos su presencia puede ser mayor y en otros menor. Por ejemplo, no es lo mismo comprar un bolígrafo que ir a un restaurante.

VII. He verificado la experiencia que estoy entregando, pero el cliente me valora mal.

En estos casos el problema radica fundamentalmente en la fase de diseño de la CX. Si se ha verificado que se está entregando la experiencia que se ha diseñado y, pese a ello, el cliente no la valora adecuadamente, el problema estará en la fase de diseño. También convendría en este caso verificar que la medición de la experiencia recoge adecuadamente lo que se quiere medir.

4. La voz del cliente interno y externo y su cuadro de mando

Para poder proporcionar una buena experiencia a los clientes es necesario que toda la compañía esté implicada en esta misión y, por tanto, el papel de los empleados y otros grupos de interés involucrados en la organización *(stakeholders)* resulta vital.

En concreto, la relevancia de empleados y socios deriva de dos puntos fundamentales:

- Son, en la mayoría de los casos, los encargados de hacer llegar los productos y servicios de la compañía a los clientes y, por tanto, los encargados de conseguir que la experiencia que se ha diseñado se ejecuta adecuadamente.

- Son los que tienen un contacto más directo con los clientes y, por tanto, mayor percepción de lo que está sucediendo y de la valoración de la experiencia que están teniendo los clientes.

Cuadro 4.2 Concepto de experiencia 360°

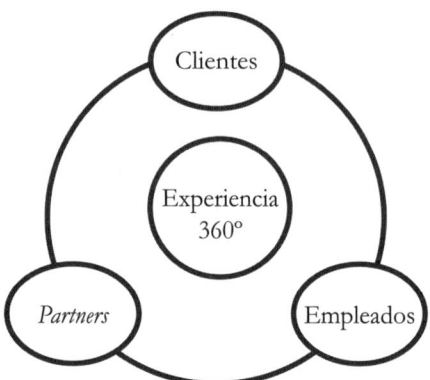

Debido a ello en los últimos años se está sumando al concepto de CX el concepto de experiencia 360° que incorpora el *input* tanto de empleados como de socios en la materia.

Hay tres formas de incorporar a estos grupos, correspondientes cada una de ellas a objetivos distintos:

1. Como ejecutores de la experiencia diseñada.

   De acuerdo con este enfoque, el objetivo principal sería recoger las opiniones de estos grupos en relación con la capacidad de la organización para entregar la experiencia diseñada, lo que permitiría identificar mejoras en los procesos que facilitaran que las personas que entran en contacto con los clientes realmente pudieran ejecutar lo previsto.

   Así, por ejemplo, una entidad bancaria puede apoyarse en los empleados de las oficinas para identificar las mejoras que se tienen que desarrollar para que en su relación con el cliente sean capaces de entregar la mejor experiencia, lo que facilitará la identificación de oportunidades en los procesos internos que, de otra manera, no saldrían a la luz.

2. Como observadores privilegiados de lo que están recibiendo los clientes.

   Por ser personas que están en permanente contacto con los clientes tienen una percepción clara de lo que se está ofreciendo y de lo que estos perciben. De este modo, incorporarlos al concepto de CX facilita la identificación de mejoras en el diseño y en la ejecución.

Continuando con el ejemplo anterior, una entidad bancaria podría contrastar con su personal de oficina las mejoras que tendrían que desarrollarse para que los clientes tuvieran una mejor experiencia. A diferencia del enfoque anterior, no se evaluaría sólo lo ya existente, sino que se trataría de indagar acerca de aspectos no contemplados que pudieran mejorar la experiencia.

3. Como integrantes clave en la organización.

El último enfoque es quizá el más tradicional y el más cercano a conceptos como la satisfacción del cliente interno o CX interno. Al ser los empleados y los socios clave en las organizaciones, si la experiencia que ellos tienen en su trabajo del día a día no es plenamente satisfactoria, es complicado que sean capaces de entregar la mejor experiencia al cliente final. Por tanto, la medición de la percepción de socios y empleados resulta fundamental de cara a asegurar la mejor CX.

Como cualquier aspecto de la organización y, especialmente en aquellos de mayor relevancia, es necesario que los principales indicadores vinculados a la CX queden recogidos en un cuadro de mando que permita a la dirección analizar y gestionar la evolución de la empresa desde esa perspectiva.

Debido a la importancia que la CX tiene en las organizaciones, sería recomendable que los indicadores de experiencia estuvieran incorporados en el cuadro de mando general de la organización, con independencia de que estén más desarrollados en una visión específica.

De cara a la confección del cuadro de mando de la CX, los principales aspectos a tener en cuenta serían estos:

I. No incorporar más de diez indicadores globales para evitar que el exceso de información impida la obtención de conclusiones.

II. Incorporar indicadores tanto de medición de la propia experiencia como aquellos más vinculados al negocio que permitan anticipar la evolución de la experiencia o contrastar el impacto de la misma.

115

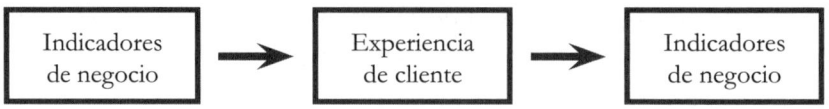

III. Utilizar el cuadro de mando para anticipar posibles problemas de experiencia (basándonos en indicadores de negocio fuente) y de negocio (utilizando la CX como fuente).

IV. Actualizar el cuadro de mando con frecuencia mínima mensual en aquellos casos en los que sea posible, pero nunca con una cadencia superior a los seis meses.

V. Difundir los resultados a toda la organización tanto si son buenos como si obligan a buscar oportunidades de mejora.

5. La voz del cliente como timón de la experiencia. Modelos y técnicas analíticas

Dentro de las técnicas de análisis cuantitativos de la CX existen varios campos en los que destacan dos grandes grupos:

A. Análisis descriptivos.

Como su propio nombre refleja, su objetivo principal es describir el comportamiento de una población. Entre la tipología de indicadores más utilizados en estos análisis cabría destacar algunos como medias, modas, desviaciones, frecuencias y percentiles.

B. Técnicas de minería de datos basadas en el aprendizaje automático.

Tienen como objetivo principal descubrir comportamientos o patrones comunes que, *a priori,* son difíciles de identificar o de suponer. Son las técnicas más complejas y sofisticadas de todas las empleadas. Entre las más relevantes cabría destacar estas:

- Agrupamiento o *clustering:* su objetivo es estructurar a una población en grupos homogéneos comportamentales, de tal forma que los integrantes de un mismo grupo se parezcan lo máximo entre ellos y lo mínimo en relación con integrantes de otros grupos.

- Reglas de asociación: buscan identificar causas con un efecto. Por ejemplo, asociar motivos de contacto con una mala experiencia en un centro de atención.

- Técnicas de predicción: tratan de anticipar el comportamiento o la evolución de una variable en función del comportamiento de otras. Son de gran utilidad a la hora de conseguir entregar la mejor experiencia.

- Técnicas de clasificación: su objetivo es agrupar a personas o eventos siguiendo patrones comunes para poder identificar relaciones causales o por lo menos facilitar diagnósticos.

5.1. Mediciones cualitativas

5.1.1. El concepto y la evolución de medición cualitativa

La investigación cualitativa busca explicar las razones de los diferentes aspectos del comportamiento humano. En otras palabras, investiga el porqué y el cómo se tomó una decisión, en contraste con la investigación cuantitativa, que busca responder preguntas tales como cuál, dónde, cuándo, cuánto. La investigación cualitativa se basa en la toma de muestras pequeñas, esto es, la observación de grupos de población reducidos, como salas de clase, una comunidad, por ejemplo.

En términos de CX, la investigación cualitativa se usa fundamentalmente para los fines siguientes:

1. Contribuir al diseño de la experiencia que se quiere que tengan los clientes (sin ser por ello la fuente única de este diseño).

2. Evaluar la percepción que tienen los clientes del diseño efectuado, especialmente en las primeras fases del ciclo de vida de un producto o servicio, ya que en fases de mayor madurez las mediciones se desarrollan con mayor asiduidad utilizando técnicas cuantitativas.

Las principales ventajas de los métodos cualitativos (frente a los cuantitativos) serían estas:

- Son fuertes en términos de validez interna: la información que se obtiene es la que se busca.

- Logran obtener informaciones ocultas.

- Tienen en cuenta todo tipo de factores: sentimientos, emociones, experiencias.

Por el contrario, en lo que hace referencia a sus principales inconvenientes, cabría destacar los siguientes:

- Son débiles en términos de validez externa, ya que las conclusiones no son extrapolables al conjunto de la población.

- Presentan dificultad para entregar datos mensurables.

- Tienen una mayor carga de subjetividad.

Como muchos aspectos de la sociedad, la investigación cualitativa ha experimentado grandes variaciones en los últimos tiempos no tanto en su fin y sentido como en las técnicas y los medios que se emplean para desarrollarla. Las principales motivaciones que han causado estas variaciones son:

i. Incremento de la complejidad de los consumidores. El mayor conocimiento y preparación de la sociedad actual hace que el comportamiento del consumidor se vuelva cada vez más complejo y más influido por factores emocionales que son los que acaba determinando la elección de un producto o servicio de entre las múltiples alternativas posibles.

ii. Mayor necesidad de profundizar en el conocimiento de las personas. Precisamente por su mayor complejidad y por la feroz competencia existente en prácticamente todos los sectores y mercados es necesario alcanzar el máximo detalle en el conocimiento del consumidor para encontrar ese matiz o esa perspectiva no vista por los demás.

iii. Mayor avance y disponibilidad tecnológica. La tecnología ha irrumpido con fuerza en la investigación cualitativa, que ha pasado de ser un área con poca carga tecnológica a contar actualmente con gran parte de los avances tecnológicos incorporados en su ejecución.

La investigación cualitativa orientada a la CX no es ajena a estos cambios, y como tal incorpora nuevas técnicas y metodologías que cada vez la hacen más potente y necesaria.

En este sentido conviene destacar dos aspectos que han supuesto un salto relevante en la manera de desarrollar la investigación cualitativa y que han impactado en la manera de analizar la CX:

A. El neuromarketing.

Como ya se ha visto anteriormente, el neuromarketing es una disciplina avanzada que tiene como función investigar y estudiar procesos cerebrales que inciden de una manera clara en la conducta y toma de decisiones de las personas en los campos de acción de marketing tradicional (inteligencia de mercado, diseño de productos y servicios, comunicaciones, precios, *branding,* posicionamiento, selección de un objetivo o *targeting,* canales y ventas). De esta manera se comprenden los procesos de toma de decisión del posible consumidor.

Como profesionales, dentro de una empresa hemos de hacer las preguntas esenciales para lograr un gran efecto en los posibles clientes y de esa manera crear campañas de marketing, publicidad y comunicación en diversos sectores que aumenten el porcentaje de éxito en la comercialización de los productos.

Para poder aplicar esta ciencia adecuadamente se debe contar con especialistas e investigadores en neurociencia, así como con especialistas en marketing. De esta forma se puede conseguir una aplicación real, ya que la probabilidad de diseñar un buen estudio va de la mano de la profesionalidad del equipo que lo desarrolle. No es suficiente con conocer las técnicas de registro y tener unas buenas bases de neuroanatomía. También es necesario contar con profesionales que tengan formación rigurosa en métodos y técnicas de investigación, diseño experimental y análisis de datos.

B. La incorporación de la tecnología a la investigación.

Tanto la aparición de nuevas tecnologías como el abaratamiento de las mismas y la de identificación de su funcionalidad dentro de la investigación han motivado que la manera de investigar haya cambiado.

Desde la posibilidad de gestionar análisis en remoto hasta incorporar dispositivos en personas con el fin de descubrir e interpretar sus reacciones y emociones, la tecnología ha cambiado la capacidad y la forma de desarrollar investigaciones cualitativas.

5.1.2. Técnicas de investigación cualitativa

Atendiendo a la metodología de investigación se pueden identificar tres grandes áreas o técnicas dentro de la investigación cualitativa:

5.1.2.1. Técnicas de investigación documental

Se trata de técnicas basadas en el análisis de documentación, entendiendo por ello tanto documentación escrita como audiovisual (fotografías, vídeos). Por su menor impacto en el campo de la CX en el presente trabajo no se entrará en detalle en su concepto, pero conviene destacar como sus principales ventajas su menor coste y la ausencia de reactividad, mientras que sus principales inconvenientes son su potencial sesgo, derivado de la documentación existente, su interpretabilidad y la propia naturaleza secundaria del material documental.

5.1.2.2. Técnicas de observación y participación

Se basan en la observación de individuos con distintos niveles de participación y en distintos ambientes.

En función del nivel de participación del investigador se pueden distinguir las siguientes perspectivas:

- En un extremo está el participante completo, que es un miembro del grupo que está siendo estudiado y oculta al grupo su rol de investigador para evitar interrumpir la actividad normal. Las desventajas de esta postura son que el investigador puede carecer de objetividad, los miembros del grupo pueden sentir desconfianza del investigador cuando se revele su rol, y la ética de la situación es cuestionable porque los miembros del grupo están siendo engañados.

- En la postura del participante como observador, el investigador es un miembro del grupo estudiado, y el grupo es consciente de la actividad de investigación. En este caso, el investigador es un participante del grupo que observa a los otros y que se interesa más en observar que en participar. Este rol también tiene desventajas: hay un intercambio entre la profundidad de los datos revelados al investigador y el nivel de confidencialidad brindado al grupo por la información que sus componentes ofrecen.

- La postura del observador como participante faculta al investigador a participar en las actividades grupales como es deseado, si bien el rol principal del investigador en esta postura es recoger datos, y el grupo estudiado es consciente de las actividades de observación del investigador. En esta postura, el investigador es un observador que no es un miembro del grupo, y que está interesado en participar como un medio para ejecutar una mejor observación y, desde aquí, generar un entendimiento más completo de las actividades grupales.

- La postura extrema opuesta del participante completo es la del observador completo, en la que el investigador está completamente oculto mientras observa, o cuando este se halla a plena vista en un escenario público, los estudiados no están advertidos de que los observan. En cualquier caso, la observación en esta postura no es molesta y es desconocida para los participantes.

Dentro de estas técnicas convendría destacar las siguientes:

- Investigación etnográfica

Es el estudio personal y de primera mano en las comunidades o en el entorno del cliente para poder participar en ellos y así contrastar lo que la gente dice y lo que hace. Es una de las herramientas investigativas y algunos autores la consideran incluso como una rama de la antropología social o cultural. En un principio este método se utilizó para analizar a las comunidades aborígenes. Actualmente se aplica también al estudio de cualquier grupo que se pretenda conocer mucho mejor.

Sus principales ventajas radican en la capacidad de conocer y comprender bien lo que se está estudiando. Por el contrario, sus limitaciones están más asociadas a cierta carga de subjetividad que puede generar y a la capacidad para estudiar sólo grupos o comunidades pequeñas. Una tercera limitación (que puede ser solventada por el investigador) serían los potenciales cambios de actitud y comportamiento de los individuos por el hecho de sentirse observados.

• Espacios de observación en *streaming,* es decir, en directo desde el exterior

Con el objetivo de solventar o minimizar la última limitación descrita en el punto anterior y gracias a la aparición de la tecnología, se están llevando a cabo estudios etnográficos apoyados en el *streaming,* es decir, en la observación en remoto a través de medios audiovisuales. Si bien esta técnica puede suponer algo de pérdida de información, permite que los grupos a estudiar se comporten de manera más natural. Entre sus grandes limitaciones cabría destacar la dificultad para estudiar grupos dispersos o en grandes zonas y la escasa capacidad de interactuar con las comunidades para analizar posibles respuestas a estímulos.

• *Coolhunting* o captura de tendencias

Con un carácter similar a los estudios etnográficos pero con un foco distinto, conviene destacar la captura de tendencias, técnica que hace referencia a la realización de predicciones sobre cambios o predisposiciones en los comportamientos del consumidor. Su objetivo principal no es tanto verificar lo que ya se ha producido como intentar anticipar lo que puede llegar a producirse. Para ello los investigadores tienen que integrarse en grupos que sean anticipadores de tendencias, es decir, que tengan la capacidad de crearlas o que sean de adopción inmediata.

La recolección de información se hace básicamente en la calle o en Internet, y el investigador tiene que ser lo suficientemente neutral como para no verse influido por sus propios gustos o preferencias personales. Del mismo modo tiene que ser capaz de cazar las tendencias correspondientes a distintos grupos o estereotipos sociales, sabiendo cuáles pueden tener éxito en cada uno de ellos.

• Laboratorios

En los casos en los que se quiere analizar algún producto o servicio con alto componente tecnológico, o bien algo nuevo que no esté disponible en el mercado, se hace necesario desarrollar las investigaciones en laboratorios específicos desarrollados al efecto para simular las condiciones que se encontrará un consumidor cuando el producto o servicio esté disponible en el mercado o tenga una penetración suficientemente elevada. Se invita a potenciales consumidores a entrar en el laboratorio y se analiza su comportamiento mientras prueban los distintos productos o servicios.

Si bien es una técnica que se está utilizando con asiduidad, su principal desventaja radica en el comportamiento no espontáneo de las personas a las que se está analizando, fruto tanto de sentirse observadas como de estar en un entorno y en un contexto que no es el suyo propio.

• Análisis de redes sociales y conversaciones *online*

Una última técnica que se podría encuadrar en este grupo (pensando en la participación del investigador) es el análisis de las redes sociales y conversaciones *online*. Con esta técnica también se pueden desarrollar estudios de *coolhunting,* si bien no es exclusiva de este fin.

Su principal fortaleza es la neutralidad del observador que realmente permite a los sujetos analizados que se comporten con naturalidad, y su principal inconveniente es la dificultad de completar la información con emociones e imágenes que ayuden a conocer mejor la realidad de lo investigado.

5.1.2.3 Técnicas de conversación-narración

El investigador participa abiertamente en la investigación para extraer conclusiones interactuando con los participantes en distintas modalidades. Dentro de este conjunto de técnicas cabría destacar las siguientes:

• Grupos de discusión o *focus group*

El grupo de discusión es una técnica cualitativa de estudio de las opiniones o actitudes de un público, utilizada en ciencias sociales y en estudios comerciales. Consiste en la reunión de un grupo de personas, entre seis y doce, con un moderador, investigador o analista encargado de hacer preguntas y dirigir la discusión. Su labor es la de encauzar la discusión para que no se aleje del tema de estudio y, de este modo, da a la técnica su nombre en inglés. Las preguntas son respondidas por la interacción del grupo en una dinámica en que los participantes se sienten cómodos y libres de hablar y comentar sus opiniones. Normalmente los grupos de discusión requieren cerca de dos horas para cumplir su tarea.

- Entrevistas en profundidad

Es una de las técnicas tradicionales de investigación que sigue teniendo auge en el campo de la CX. A diferencia de las sesiones de grupo, las entrevistas en profundidad se realizan con una sola persona. Este tipo de técnica en la investigación puede tener una duración de entre 40 minutos y más de una hora, dependiendo del tema y la dinámica de entrevista.

Para el éxito de esta técnica es fundamental que el entrevistador sea capaz de generar un ambiente de confianza que haga que el entrevistado saque a la luz todos sus sentimientos y emociones.

Esta metodología se combina con otras, como las técnicas proyectivas o los medidores de emociones.

- Talleres o *workshops*

Los *workshops* son talleres de trabajo intensivo formados por un grupo de personas multidisciplinar y moderados por un experto en la técnica no necesariamente conocedor de los aspectos técnicos de lo que se trabaja. El papel del moderador en este caso está más cerca del de un facilitador.

- Método Delphi

Su objetivo es la consecución de un consenso basado en la discusión entre expertos. Es un proceso repetitivo. Su funcionamiento se basa en la elaboración de un cuestionario que ha de ser contestado por los expertos. Una vez recibida la información, se vuelve a realizar otro cuestionario basado en el anterior para ser contestado de nuevo.

Finalmente el responsable del estudio elaborará sus conclusiones a partir de la explotación estadística de los datos obtenidos.

La metodología de previsión Delphi utiliza juicios de expertos en tecnología o procesos sociales considerando las respuestas a un cuestionario para examinar las probables orientaciones del desarrollo de tecnologías específicas, metatipos de tecnologías o diferentes procesos de cambio social. Los juicios de los expertos (en las formas de evaluaciones cuantitativas y comentarios escritos) se suministran como retroalimentación a los mismos expertos como partes de una ronda siguiente de cuestionario *(next round)*. A continuación, los expertos revalúan sus opiniones a la luz de esta información, y un consenso de grupo tiende a emerger.

- Técnicas proyectivas

Son técnicas de recogida de información. Principalmente han sido muy útiles en el ámbito dinámico, surgen desde el modelo psicodinámico y este es el que las soporta. En un primer momento se desarrollan con el objetivo de analizar el mundo inconsciente del sujeto, pero cada vez se utilizan más para valorar su mundo cognitivo (cómo piensa). Las utilizan diferentes modelos y se aplican en diversos campos de la psicología.

- Seguimiento ocular o *eyetracking*

Es una tecnología de seguimiento ocular en auge actualmente en el mundo de la CX. Concretamente se apoya en una tecnología que permite seguir los movimientos oculares de una persona para inferir qué mira y qué ve. Esto se consigue actualmente mediante un monitor especial que lanza rayos infrarrojos a los ojos de quien lo usa *(eyetracker)*. Estos rayos rebotan en su pupila y vuelven al aparato, lo que permite calcular con precisión dónde está mirando.

Gracias a esta técnica se pueden analizar potenciales causas de problemas o identificar mejoras que permitan entregar una mejor CX.

- Talleres de cocreación

El propósito del taller de cocreación es generar espacios y dinámicas para que las personas que participen en dicho taller tomen conciencia de una forma experiencial del papel que desempeñan las emociones, individuales y colectivas, en los procesos y dinámicas de innovación en cocreación. (En el ámbito experiencial, los talleres de cocreación están asumiendo todo el protagonismo para la identificación y el diseño de la experiencia corporativa. Más adelante, en el apartado «La innovación cocreativa como fuente de inspiración para crear experiencias competitivas» se expone con detalle la manera de trabajar esta técnica creativa).

5.2. Mediciones cuantitativas

5.2.1. El concepto de medición cuantitativa

Las mediciones cuantitativas son aquellas que tienen las siguientes características:

- Ayudan a comprender o a decidir utilizando parámetros o indicadores numéricos como soporte.

- Los resultados pueden ser generalizados.

- Se apoyan en técnicas estadísticas.

Debido a su carácter numérico no son tan adecuadas para recoger los sentimientos o las percepciones *(insights)* más emocionales de las personas, pero permiten obtener conclusiones generalizadas y desarrollar acciones con mayor fiabilidad.

Entre sus principales ventajas cabría destacar estas:

- Permiten seleccionar muestras representativas de la población.

- Lo que encuentran es generalizable al conjunto de la población.

- Permiten cuantificar la relevancia de un fenómeno.

Sus inconvenientes residen en estos factores:

- Son débiles en términos de validez interna: nunca se sabe si se mide lo que se quiere medir.

- Se basan sólo en números, sin intermediar otros factores.

- Presentan dificultades para incorporar variables subjetivas (emociones, sentimientos).

En términos de CX, las técnicas cuantitativas deben ser utilizadas fundamentalmente para medir y evaluar y no tanto para diseñar las experiencias, que, como se precisó anteriormente, cuentan con las técnicas cualitativas como mejores aliadas.

5.2.2. ¿Qué indicadores utilizar?

En el campo de la CX, y dado que es necesario cuantificar para poder utilizar estas técnicas, surge la duda de cuál es el indicador numérico más apropiado para cuantificar la experiencia. Si bien el más extendido es el Índice de Recomendación Neta (Net Promoter Score, NPS), han surgido otros que no por su menor difusión carecen de interés.

a) ¿Por qué utilizar el NPS como indicador clave?

Que nuestros clientes nos recomienden a sus amistades, a sus familiares, a sus conocidos, es fundamental en la concepción y la CEM. Es el punto crucial porque concentra todo lo que significa la CX:

- Está total y directamente ligada al negocio: a mejor CX, más ventas y más beneficios, mayor fidelización y mayor captación de nuevos clientes. Nada es comparable a tener millones de comerciales llenos de credibilidad (nuestros clientes) vendiendo en la calle. Los estudios muestran que sólo el 26% de las decisiones de compra están influidas por los anuncios, muchas menos que por la experiencia personal o, en el caso de nuevos clientes, por las recomendaciones de personas del entorno más próximo.

- Como métrica para medir la CX, el grado en que los clientes recomiendan nuestros productos o servicios se ha revelado como lo más demostrativo de la medida real de adhesión, una adhesión transformada ya en acción.

La investigación muestra que, en la mayoría de las industrias, hay una fuerte correlación entre el índice de crecimiento de una compañía y el porcentaje de sus clientes que son promotores, es decir, los que dicen que hay muchas posibilidades de que recomienden la compañía a un amigo o colega.

b) ¿Por qué utilizar la satisfacción como indicador clave?

En la actualidad, lograr la plena satisfacción del cliente es un requisito indispensable para ganarse un lugar en su mente y por ende en el mercado. Por ello, el objetivo de mantener satisfecho a cada cliente se ha constituido en uno de los principales objetivos de todas las áreas funcionales (producción, finanzas, recursos humanos) de las empresas exitosas.

Por ese motivo, resulta de vital importancia que tanto los responsables de operaciones como todos los que trabajan en una empresa u organización conozcan cuáles son los beneficios de lograr la satisfacción del cliente, cómo definirla, cuáles son los niveles de satisfacción, cómo se forman las expectativas en los clientes y en qué consiste el rendimiento percibido. De esa manera estarán mejor capacitados para coadyuvar activamente con todas las tareas que apuntan a conseguir la tan anhelada satisfacción del cliente.

Si bien, existen diversos beneficios que toda empresa u organización puede obtener al lograr la satisfacción de sus clientes, estos se pueden resumir en tres:

- Primer beneficio: el cliente satisfecho, por lo general, vuelve a comprar. Por tanto, la empresa obtiene su lealtad y por ende la posibilidad de venderle el mismo u otros productos adicionales en el futuro.

- Segundo beneficio: el cliente satisfecho comunica a otros sus experiencias positivas con un producto o servicio. Por tanto, la empresa consigue una difusión gratuita que el cliente satisfecho realiza entre sus familiares, amistades y conocidos.

- Tercer beneficio: el cliente satisfecho deja de lado a la competencia. Por tanto, la empresa logra un determinado lugar (participación) en el mercado.

Por tanto, la satisfacción se puede considerar la fuente primaria de otras actitudes (lealtad, recomendación) que contribuirán a mejorar los resultados de la organización.

c) ¿Por qué utilizar la lealtad o intención de recompra como indicador clave?

Muchos creen que lealtad y satisfacción tienen el mismo significado. Incluso, años atrás, autores como Rodríguez, Collado y Herrero[1] señalaban que la lealtad comienza en el momento en que el cliente está satisfecho con la compra de un bien o la prestación de un determinado servicio, pero definitivamente estos dos conceptos tienen una gran diferencia. La satisfacción del cliente constituye la antesala a la lealtad, es una forma en que los consumidores pueden llegar a ser leales con la empresa. De hecho, en condiciones de libre competencia un cliente leal siempre será un cliente satisfecho, pero un cliente satisfecho no es necesariamente un cliente leal. Por ejemplo, una persona que va a un supermercado y por la gran atención se siente satisfecha. Es cierto que existe la posibilidad de que vuelva a comprar en el mismo lugar, pero no significa que la empresa haya retenido a ese consumidor para siempre: se necesita más que una gran atención para que el consumidor sea leal o fiel una empresa.

d) ¿Por qué utilizar la experiencia explícita como indicador clave?

Como ya se ha dicho anteriormente, en los buenos viejos tiempos todavía era posible diferenciarse por la calidad de los productos o servicios, pero ese atributo se está homogeneizando en el mercado, y la mayoría de organizaciones parten de un nivel de calidad muy alto en su propuesta de valor. Excepto en casos concretos, es muy complicado poner dos productos juntos y diferenciar cuál es sensiblemente mejor que el otro.

El efecto de esta homogeneización es que el cliente considera los atributos de calidad de producto o servicio o la atención como un servicio corriente o *commodity,* por lo que hay que ir más allá, y cuando las opciones en una decisión de carácter cerebral no son sustancialmente diferentes, las personas tomamos la decisión basándonos en las emociones.

6. La innovación cocreativa como fuente de inspiración para crear experiencias competitivas

Por innovación cocreativa entendemos el proceso de colaboración activa y creativa, facilitado por la compañía, entre la marca y los actores implicados en la cadena de diseño, producción y consumo del producto o servicio, usado como estrategia de innovación para el desarrollo de nuevos productos o servicios.

En este proceso pueden llegar a participar clientes actuales o potenciales, empleados, proveedores y socios, dependiendo de los objetivos que nos planteemos. Debemos entender la innovación cocreativa como un método útil para gestionar la incertidumbre inherente a todo proceso de innovación:

• En lo relativo a necesidades y expectativas del mercado y clientes objetivo, como medio para conseguir mejor información sobre preferencias, deseos, motivaciones y *drivers* de satisfacción, incrementando la efectividad del proceso de innovación y reduciendo el riesgo de fallos en dicho proceso. Esta información, que se ha obtenido tradicionalmente mediante las técnicas de investigación de mercado, puede completarse e incluso sustituirse por los métodos de innovación cocreativa.

- En cuanto a las posibles soluciones de implementación, ¿cuál será la mejor forma para transformar necesidades y expectativas en productos y servicios?

En general, cuanto más completa y radical sea la innovación que nos proponemos, mayor será la necesidad de información para orientar nuestro proceso con éxito. La cocreación, como veremos, nos va a permitir interacciones y puntos de vista muy útiles para acertar en nuestro proceso de innovación.

La cocreación tiene sentido en lo que se conoce como «modelos de innovación abierta»[2]. Hoy sabemos que las marcas con más éxito en la innovación basan su proceso en la interacción constante con clientes, proveedores, instituciones (universidades) como medio para reducir los tiempos y costes del proceso de innovación.

Frente al modelo clásico del emprendedor aislado en su garaje que sorprende al mercado con nuevas ideas, parece que hoy el éxito depende cada vez más de la capacidad de las compañías para aprovechar el potencial innovador de los diferentes actores del mercado en su entorno, generando relaciones basadas en intereses compartidos.

Innovación abierta es lo opuesto de innovación cerrada, según la cual las marcas usan sólo información generada dentro de la propia casa mediante departamentos corporativos de I+D o integración vertical con proveedores estrechamente vigilada. En este sentido los modelos de innovación abierta (que no renuncian a sus fuentes internas de I+D) entienden la utilidad de esas fuentes alternativas de *insight* para la innovación que mencionamos: clientes, proveedores, empleados.

Dado que el tema del libro es la CX y la CEM, nos centraremos en la *customer co-creation* para definir estrategias de innovación abierta con clientes (actuales o potenciales) de la marca y explicaremos cuándo y por qué es efectiva. Definimos *customer co-creation* como la coproducción organizada de conocimiento por parte del cliente que resulta útil y valiosa para el proceso de innovación de productos o servicios.

Es lógico pensar que los clientes, actuales y futuros compradores de nuestros productos, deben aportar el *input* externo más valioso para el proceso de innovación. Vemos como algunas marcas han logrado involucrar activamente a sus clientes en la coproducción de conocimiento, en algunos casos a gran escala y con importantes inversiones para hacerlo posible (es el caso de Cisco[3] o Nike +).

Sin embargo, en oposición al modelo cocreativo se suele mencionar la célebre frase del fundador de la Ford Motor Company, Henry Ford[4]. Sobre esto, aparte de imaginar la posibilidad de que Ford hubiera preguntado a sus clientes y evolucionado desde posibles respuestas como «no quiero mojarme con la lluvia cuando cabalgo» o «quiero llevar muchas maletas en el caballo», hemos de decir lo siguiente:

1. En un número cada vez mayor de productos y servicios, los clientes han adquirido tal grado de pericia o *expertise* que los posiciona como una fuente muy deseada de conocimiento.

2. El ritmo requerido de innovación, especialmente en lo relacionado con la tecnología, se incrementa sin parar. Ello hace también crecer de manera constante la necesidad de información para alimentar la innovación. (La participación transforma a los clientes en una fuente de conocimiento mediante la cual las marcas mejoran su desempeño innovador y su competitividad. En este sentido el ejemplo de la App Store, basado en una amplia comunidad de desarrolladores y cuyo valor en sólo dos años superó los 7.000 millones de dólares, es paradigmático).

3. La inversión[5] en *customer co-creation* no siempre está justificada ni es igualmente efectiva en todos los tipos de producto o servicio ni en las distintas fases del proceso de innovación.

4. Según nuestra experiencia, la efectividad del proceso cocreativo será ser mayor si se cumplen estas condiciones:

   • Tiene que ver con productos y servicios en la órbita actual de la marca, no así con innovaciones radicalmente novedosas.

- Incluimos a clientes de diferentes tipos unos con una larga relación y otros nuevos, así como distintos comportamientos de uso.

- Somos capaces de identificar y colaborar con los *lead user innovators,* aquellos clientes que anticipan necesidades de uso que más tarde serán comunes en el mercado (por su comportamiento de uso o su curiosidad) y que además se posicionan positivamente hacia la búsqueda anticipada de solución a estas necesidades. Pueden ser el mejor y más eficiente soporte a la innovación.

- Somos capaces de gestionar diferentes canales y soportes de contacto y captura de *insights,* ya que no todos son igualmente efectivos para el objetivo buscado: cara a cara, por teléfono o con medios electrónicos; individualmente o en grupo; con requerimientos de información más o menos estructurados.

6.1. Modelos de interacción con los clientes en el proceso de innovación

El acceso a la información de cliente es un requisito básico para cualquier innovación que nos propongamos. Del mismo modo es importante entender que no todos los clientes están en condiciones de contribuir de igual manera en los *insights* del proceso de innovación: mientras que los *lead users* nos pueden alertar sobre necesidades futuras, la contribución de otros clientes se puede limitar a la opinión sobre un nuevo prototipo.

Podemos distinguir tres modelos en la generación de información por parte del cliente:

1. Preguntar al cliente.

2. Escuchar su voz.

3. Construir con él.

La manera convencional para acceder a esta información consiste en preguntar explícitamente a los clientes acerca de sus necesidades y preferencias (vía investigación de mercados, por ejemplo, con encuestas o grupos de discusión), o bien analizando (escuchando) los datos de comportamiento del cliente (por ejemplo, datos de ventas, accesos a la web, llamadas al centro de atención, observación directa de los clientes, con reportes del personal de tiendas).

En los modelos de preguntar y escuchar el rol del cliente es más bien pasivo o reactivo. En el modelo construir con el cliente, en cambio, se propone una participación más activa y es lo que genuinamente podemos entender como cocreación con el cliente: un modelo de participación activa y creativa, diseñado y operado por la compañía, para lograr la colaboración entre la compañía y los clientes en el proceso de innovación. Este modelo sería la aplicación práctica de una gestión centrada en el cliente orientada a la innovación.

6.2. Métodos de cocreación con los clientes

Podemos agrupar los métodos de cocreación según tres dimensiones:

- Fase del proceso de innovación en que interviene: se refiere al momento del proceso de innovación en el que vamos a contar con la participación de los clientes. Puede ser al principio del mismo (por ejemplo, generación de ideas o escenarios) o en los momentos finales (por ejemplo, test de prototipos).

- Formato de colaboración: indica el modelo de relación que vamos a tener con los participantes en el proceso de innovación abierta. Puede ser unívoca (1:1), es decir, la compañía interactúa directamente con uno o varios clientes, o más social (1:n; n:n), cuando los clientes interactúan entre sí en modo red social y la compañía a su vez puede interactuar con esta red social.

- Grado de libertad: se refiere al tipo de tarea que se asigna a los clientes en el proceso, y va desde una descripción predefinida de su actividad (con un *output* de información más previsible y un grado de libertad bajo) hasta una propuesta de colaboración más abierta y creativa con un resultado difícil de anticipar *a priori* (grado de libertad alto).

Teniendo en cuenta estos ejes, que debemos determinar al inicio del proceso de cocreación, podemos identificar el método que mejor se adapta a nuestros objetivos y recursos disponibles.

Cuadro 4.3 Innovación cocreativa

Fase en la innovación		Grado de libertad		Formato de colaboración		Método de cocreación más adecuado
Inicio	Final	Alto	Bajo	1:1	Social	
✓		✓		✓		Concurso de ideas
✓		✓			✓	Comunidades para la generación de ideas
✓			✓	✓		Evaluación de ideas entre clientes
✓			✓		✓	Foros de discusión de producto
	✓	✓	✓		✓	Cesión de herramientas para la innovación y el codiseño para clientes y usuarios
✓	✓		✓		✓	Comunidades para desarrollar conceptos y solucionar problemas técnicos
	✓		✓		✓	Test de concepto y prototipo

6.2.1. Ejemplos de cocreación con los clientes

• Torneo de ideas o *Idea contest:* la compañía solicita a los clientes ideas para innovar, normalmente sobre un tema concreto, con un plazo de recepción determinado y con un premio para las mejores aportaciones. Por ejemplo, el Proyecto Think Big de Fundación Telefónica: aparte de la modalidad tradicional de concurso de ideas, acompaña a los ganadores en todo el proceso de creación del producto o servicio.

• Evaluación de ideas entre clientes: tras un ejercicio exitoso de *idea contest,* o bien como parte en el proceso temprano de análisis de posibilidades de innovación, se propone a los clientes un sistema de evaluación de ideas. Para ser más efectivo esta evaluación debe llevarse a cabo sobre un número limitado de ideas, previamente filtrado por un panel de expertos u otra modalidad.

• Comunidades para la generación de ideas: las comunidades de clientes son una fuente importante de ideas innovadoras. Estas comunidades pueden operar de forma enteramente independiente de las marcas, o bien ser auspiciadas por ellas. Normalmente están construidas sobre aficiones o necesidades compartidas y su actividad se centra en espacios virtuales de interacción y discusión entre sus miembros. Por ejemplo, el grupo de propietarios de Harleys *(Harley owners group,* HOG), cuyas ideas para personalizar las motos y las propuestas de accesorios son más tarde incluidas en el proceso de producción de Harley-Davidson.

• Foros de discusión sobre productos: los clientes normalmente intercambian sus experiencias de uso y se apoyan mutuamente en la utilización de productos. En este caso son más valorados los foros en los que no se percibe una gestión directa de la marca. Por ejemplo, ADSL Zone, comunidad de usuarios de servicios de telecomunicaciones, muy activa, y en la que todos los operadores intentan participar y obtener información de servicio por la relevancia de sus opiniones.

• Herramientas para la innovación y el codiseño para clientes y usuarios: los *inputs* del cliente en esta fase de la innovación deben ser más concretos y elaborados para que sean aprovechables por la compañía. Por eso, en esta fase, las mejores prácticas las encontramos en compañías que son capaces de compartir con sus clientes sus plataformas de diseño y desarrollo, con lo que estos encuentran el cauce para expandir las posibilidades y nuevas vías a los productos y servicios. En este modelo de cocreación el cliente también tiene a veces la expectativa de mayores beneficios al ser su contribución mucho más cercana a la línea final de negocio. Por ejemplo, Google Developers propone un sistema de herramientas, flujos de trabajo y sistema de colaboración del que se benefician mutuamente la marca y los clientes o usuarios.

• Comunidades para el desarrollo de conceptos y solución de problemas técnicos: la colaboración entre usuarios potencia la capacidad productiva e innovadora, frente al desarrollo puramente individual, en el modelo que se conoce como trabajo colaborativo o *peer production.*

Las comunidades de trabajo colaborativo pueden también participar en los ciclos iniciales del proceso de innovación, pero normalmente están más dedicadas a los estadios finales, cuando los nuevos productos o servicios ya están próximos a su estado final de lanzamiento. Compañías muy exitosas como Apache, Linux o Firefox se basan en este modelo de cocreación social. Se ha mencionado como clave del éxito de estos modelos la autoselección de los clientes y usuarios para realizar las tareas frente a la asignación de tareas en un modelo jerárquico tradicional. Esta característica multiplicaría la motivación de quien aborda el trabajo y es más efectiva en la asignación correcta de tareas a competencias que un modelo tradicional.

• Test virtual de concepto o prototipo: los conceptos finales de producto son propuestos a los clientes para una evaluación organizada. Por ejemplo, ING Direct: Bienvenido a una nueva experiencia web. El banco ING propone a sus clientes la prueba de la nueva web de servicio todavía en fase final de diseño.

Conclusiones

- La información que pueden aportar los clientes en el proceso cocreativo tiene gran valor para la innovación de nuestros productos y servicios.

- La cocreación además puede tener efectos positivos para la fidelidad y satisfacción de los clientes al verse más involucrados con la marca.

- Es necesario identificar los métodos más adecuados teniendo en cuenta la necesidad de nuestro proceso de innovación y nuestras capacidades para canalizarlo y organizarlo.

- El proceso de cocreación debe estar bien organizado y dotado de recursos para tener éxito y ser creíble. No se trata sólo de campañas de comunicación a la base de clientes. Por eso es necesario también que en la compañía exista espacio para un proceso de innovación abierta, que muchas veces puede cuestionar el *statu quo* de algunas áreas de la organización.

- Encontramos ejemplos de éxito de enfoques cocreativos cada vez más numerosos y relevantes en el mercado.

05
Bajando la teoría a la tierra: cómo desarrollar un proyecto CEM

 Gabriel Pagola, socio y vicepresidente para América Latina de Brain Trust CS para el área de Gestión de experiencia de cliente y transformación digital.

Cada vez que un cliente y una marca interactúan por cualquier medio, el cliente percibe y aprende algo que puede hacer que mejore o empeore su relación con la marca en términos de negocio, es decir, que esté dispuesto a comprar, a permanecer más tiempo, a hablar bien y recomendar la marca. A todo esto lo llamamos gestión de la experiencia de cliente (CEM).

Con ese fin es necesario identificar el criterio a utilizar para definir qué experiencia se quiere ofrecer a los clientes, qué utilidad va a tener dicha experiencia y qué método práctico se va a desarrollar para poder gestionarla.

Lo que vamos a ver en este apartado del libro es cómo definimos, manejamos y controlamos las herramientas para la CEM con el objeto de dar respuesta a las expectativas de los clientes.

Es muy importante destacar que la verdadera gestión de experiencia no sólo se debe basar en metodologías como las planteadas a continuación, sino también en una decisión valiente por parte de las corporaciones a la hora de definir una experiencia disruptiva, que genere sorpresa y entusiasmo en los clientes.

Para ello es necesario recordar los principales aspectos que definen la CEM:

- Gestionar el negocio de acuerdo con las sensaciones que queremos generar en los clientes, prospectos, y comunidad.

- La opinión de los clientes debe utilizarse para validar nuestras decisiones, ya que las sensaciones buscadas son aquellas que nosotros queremos generar, más allá de lo que los clientes demanden o pidan (Louis Vuitton, Ford, Starbucks).

- Superar las expectativas del cliente a través de nuevas sensaciones.

- Un modo de gestión efectivo que dé respuesta a los objetivos de negocio.

- No es opcional: nuestro cliente tiene una experiencia hoy con la marca (aunque decidamos no gestionarla).

- Es el último aspecto realmente diferencial de un negocio; todos los demás (tecnología, producto, logística, precio) han sido comoditizados.

Cuando hablamos de CX, debemos entender claramente que existen diversas áreas o prácticas que deben ponerse en marcha de cara a consolidar una visión total o foto global de la CX.

En el cuadro 5.1, puede verse con claridad cada una de estas áreas y con ellas, la ubicación funcional de la CEM, que desarrollaremos a lo largo de este capítulo.

Cuadro 5.1 Foto global de la experiencia de cliente

Conocer			Actuar		
Experiencia de marca	Experiencia de productos/servicios		Experiencia de marca	Experiencia de productos/servicios	
Recuerdo espontáneo	Experiencia percibida	Experiencia objetiva	Pautas	Gestión experiencia de cliente	
Percepción de marca			Campañas		
Posicionamiento	Satisfacción	Cliente misterioso	Publicidad		
	Índice de Recomendación NPS	Modelo madurez			
Paneles de clientes	NPS interno	Cuadro de mando	Agencias y medios		

Como podemos ver, existen metodologías y criterios de gran madurez tanto en lo que se refiere al conocimiento y en la actuación de todo lo referido a la marca (experiencia de marca o *brand experience)* como para la medición de la experiencia de productos y servicios.

El área para la que hasta hace pocos años no contábamos con una metodología estándar y efectiva es la de la actuación y diseño de la experiencia de productos y servicios. Esta área es cubierta por la metodología de CEM que vamos a exponer a continuación.

1. Herramientas utilizadas para gestionar la experiencia CEM

En el capítulo anterior, se han visto los motivos que nos llevan a pensar que una gestión orientada a la CX puede redundar en un mayor éxito de nuestros negocios, así como las distintas tareas y facetas que debemos atacar.

Esta decisión es sólo el comienzo de la solución, ya que debemos definir y determinar qué metodología utilizaremos para no ser únicamente meros espectadores de la experiencia que generamos en nuestros clientes, sino gobernar al máximo aquello que ofrecemos como experiencia desde el momento mismo de la concepción del producto o servicio entregado al mercado.

Para ello hemos desarrollado una metodología nacida de un modelo de dos ejes y, por tanto, de cuatro cuadrantes:

Cuadro 5.2 Etapas en la función de la CEM

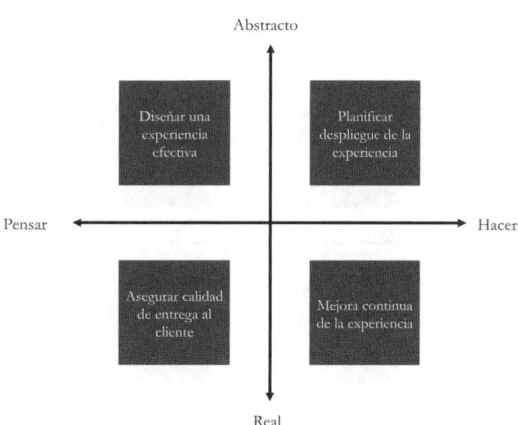

- Eje abstracto-real: en él estableceremos las acciones a realizar desde un plano estratégico e imaginado (abstracto) hasta las acciones tácticas en el terreno (real) para definir y modificar los escenarios comerciales.

- Eje pensar-hacer: en él estableceremos los pasos a seguir de acuerdo con el tipo de acciones a llevar adelante desde el plano de la concepción de las ideas (pensar) hasta la ejecución concreta de las acciones (hacer).

Con esto se definen naturalmente cuatro etapas de la CEM:

1. Diseñar la experiencia (pensar sobre lo abstracto).
2. Planificar el despliegue de la experiencia (hacer desde lo abstracto).
3. Asegurar que lo construido genere la experiencia deseada (pensar desde la realidad).
4. Mejorar de forma continua la experiencia (hacer sobre lo real).

Cada una de estas cuatro etapas responde a una metodología específica de Brain Trust Consulting Services basada en más de diez años de experiencia con proyectos CEM para las compañías más prestigiosas de los cuatro continentes, y las denominamos así:

- CEM Design Model.
- CEM Blueprint.
- CEM Customer Readiness.
- CEM Centro de Pruebas de Usuarios (CPU).

Cuadro 5.3 Las cuatro etapas de la CEM

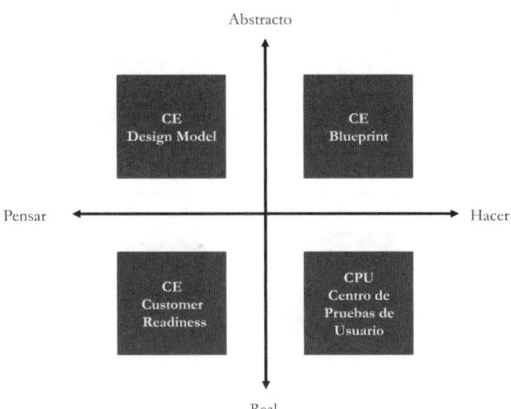

1.1. CEM Design Model

El diseño de la CX a través de los distintos puntos posibles de contacto entre la marca y las personas (puntos de contacto) resulta en la realidad dramáticamente complejo.

Intervienen personas, herramientas, tecnologías, regulaciones, competidores, inmadurez de los mercados, e incluso sentimientos inconscientes tales como el afecto, los prejuicios, el cariño o el rechazo.

Por ello, a la hora de optar por una herramienta que nos permita modelizar algo tan complejo y asegurar que se trata de una solución simple, ya que de lo contrario aportaríamos más caos al proceso– hemos desarrollado una solución basada en el espacio y el tiempo.

Todas las interacciones entre las personas en un mercado y nuestra firma pueden localizarse sin duda en esta matriz, en la que el espacio está representado por los distintos canales comerciales y el tiempo por todo el ciclo de vida de nuestros clientes a lo largo de su relación con nuestra marca.

Cuadro 5.4 Localización de las interacciones entre las personas y nuestra firma

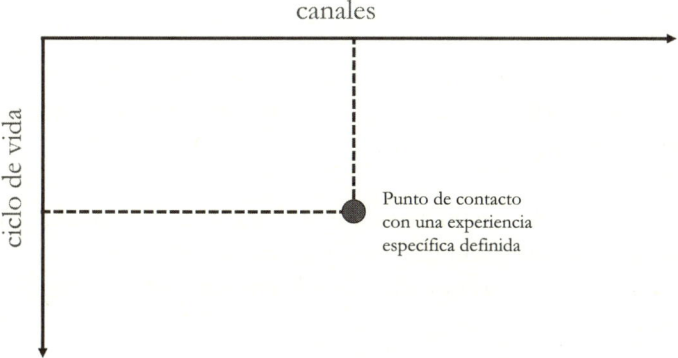

Este ciclo de vida puede representarse de muchas maneras, pero según la experiencia recogida en los últimos años, recomendamos trabajar sobre un modelo de no más de siete etapas, que puede expresarse así:

1. Conocer y aprender de la marca.

2. Decidir y solicitar la compra.

3. Recibir lo comprado.

4. Utilizar lo comprado.

5. Pagar por lo comprado.

6. Buscar ayuda.

7. Renovar, modificar o finalizar la relación con la marca.

En cambio, cuando nos referimos a los canales por los cuales se lleva adelante la relación, no nos debemos ceñir sólo a los espacios tradicionales, como las tiendas o el centro de atención, sino también otros espacios en los cuales se genera y modifica la experiencia. Por ejemplo:

Tiendas	Eventos
Centros de atención	Boca a boca
Fuerza de venta (vendedor)	Menciones de opinión
Web	Noticias
Redes sociales	Franquicias, colaboradores
SMS	Competencia
Publicidad	

En cada intersección entre las dos variables deberemos definir, en primera persona, todo aquello que queremos que nuestros clientes expresen de la experiencia vivida.

Obviamente no todas las intersecciones llevarán experiencias, por lo que al mismo tiempo que definimos qué experiencia queremos que se genere en los TP también estaremos decidiendo en qué TP no existirá ninguna experiencia.

1.1.1. Escenarios y modelos de métricas

El objetivo principal al diseñar una experiencia robusta, identificada con la marca, única y diferenciada –por ejemplo «Experiencia Amex, Zappos

Experience, Apple Experience, Experiencia T-Mobile»– es conseguir una identidad de marca a través de los procesos de negocio implantados con el Design Model.

Con el fin de inyectar en cada contacto con el cliente, la esencia y filosofía que la marca ha determinado ofrecer, este objetivo de unicidad debe confrontar con la diversidad planteada por segmentos y escenarios conductuales diferentes, como por ejemplo:

- carteras de productos.

- segmentos de clientes conductuales.

- regiones geográficas.

- temporalidades (temporada media, baja o alta).

- escalas temporales (corto, medio, largo plazo).

Como dichos segmentos y escenarios pueden ser muy variados en su naturaleza, y el Design Model puede resultar demasiado genérico y no contempla las particularidades o consecuencias de un modelo común, esta situación se resuelve de forma completa y consolidada a través del desarrollo de modelos de métricas, vinculados uno a uno con el Design Model:

Cuadro 5.5 Modelos de métricas vinculadas con el Design Model

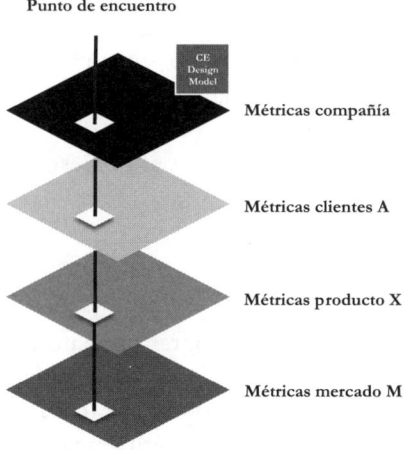

Todo CEM Design Model debe completarse con la elaboración de modelos de métricas KPI (indicadores de calidad o *key performance indicators*), que pongan en claro magnitudes sensitivas, tales como horas, metros, kilos, euros, grados, entre otras (protocolos de actuación).

Estos modelos de métricas para cada escenario deben contener lo siguiente:

• Métricas con sus valores objetivos que aseguren la experiencia diseñada.

• Métricas con sus valores actuales (promedio, máximo y mínimo).

• Fuente de medición de cada métrica.

Esto nos permitirá establecer en el siguiente paso (Blueprint) las acciones a acometer para conseguir la construcción de la experiencia diseñada en esta etapa.

La clave de este punto es asegurar que las métricas objetivo generen en los clientes las experiencias definidas en el Design Model de acuerdo con las particularidades de cada escenario. Para esto, utilizaremos la técnica de la voz del cliente (o *voice of customer*).

Claramente no es conveniente apuntar a mejoras en la experiencia más allá de lo solicitado por los clientes y por lo provisto por la competencia. Esfuerzos así no recibirían el pago suficiente como contrapartida, y correríamos el riesgo de quedar desposicionados y transformarnos en los típicos casos de éxitos prematuros que acaban en meritorios fracasos.

Por ello para desarrollar un buen diseño y una correcta implementación de la CX es de primordial importancia diseñar dicha experiencia de acuerdo con el posicionamiento competitivo (modelo de madurez o *maturity model)* y la voz del cliente, dando paso después al proceso de cocreación de la experiencia deseada.

a) Modelo de madurez.

Como decíamos, y con el fin de lograr un exitoso diseño de la CX para cada etapa del ciclo de vida y sus puntos de encuentro, utilizamos una metodología denominada CEM Maturity Model, que tiene por objetivo proporcionar a las compañías una comparación, de manera cualitativa, de su posicionamiento frente al de la competencia en cuanto a la experiencia ofrecida a los clientes a lo largo de su ciclo de vida, así como el nivel de madurez del mercado en cada una de las etapas.

Este análisis tiene como principal propósito dar base al proceso de toma de decisiones en cuanto a acciones necesarias para mejorar su posición competitiva en el mercado, considerando las siguientes variables:

• Objetivos de negocio: qué etapas priorizar.

• Situación del mercado: cómo impactan las acciones en términos de diferenciación.

• Impacto de los cambios: cuál sería el efecto de los cambios en la operación.

La metodología del CEM Maturity Model se basa en el ciclo de vida del cliente para un mercado específico, y puede ser replicado para cualquier firma de servicios o producto de cualquier región.

Para su desarrollo se debe construir una matriz, cuyo eje principal será el nivel de madurez, expresado de este modo: mejor práctica del mercado, optimizado, práctico, en desarrollo y, por último, inmaduro. (Cada empresa podrá desarrollar los parámetros que crea oportunos. Nosotros planteamos cinco, pero cualquier estructura basada en la razón y la virtud competitiva de la empresa es válida para dicho análisis).

Cuadro 5.6 Eje del nivel de madurez

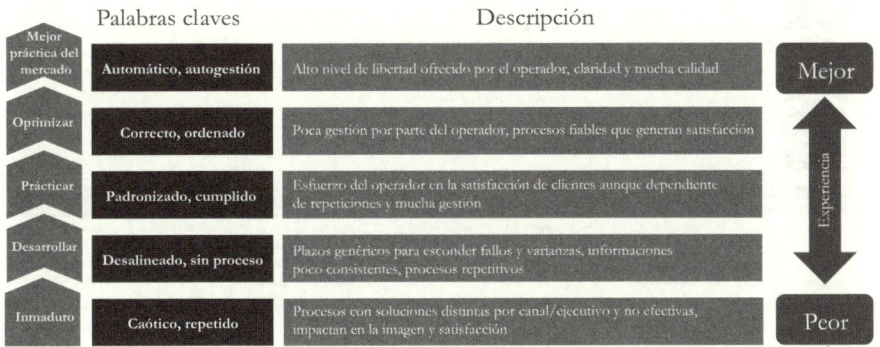

Por su parte, el siguiente eje estará representado por las mismas etapas del ciclo de vida utilizado en el CEM Design Model.

Cuadro 5.7 Eje de las etapas del ciclo de vida del cliente

Conocer	Buscar y comprar	Activar	Usar	Pagar	Buscar ayuda	Renovar/ Cambiar
Claridad Argumentos de venta Canales Configuración de productos	Documentación Fidelidad Subsidios en equipos (siempre y cuando sean comercializados)	Plazos de activación de servicios Entrega de equipos	Facilidad en el uso Calidad en el servicio	Estructura de la factura Gestión de la factura Pagos Deudas	Resolución de problemas Atención para problemas y quejas	Renovación Retención Cambio de planes

La metodología del Maturity Model se basa en el ciclo de via del cliente para un mercado específico y puede ser replicada por cualquier compañía.

Con estos ejes definidos, deberemos definir qué se entiende por nivel de madurez A en la etapa del ciclo de vida X.

Una vez definidas las características de cada intersección, debemos trabajar sobre un protocolo de medición, que se encuentra establecido según observaciones propias y de los competidores. El objetivo es determinar en cada etapa del ciclo de vida el nivel exacto de madurez de la experiencia entregada por cada empresa en cada momento de su relación con los clientes.

Cuadro 5.8 Nivel de madurez en cada etapa del ciclo de vida

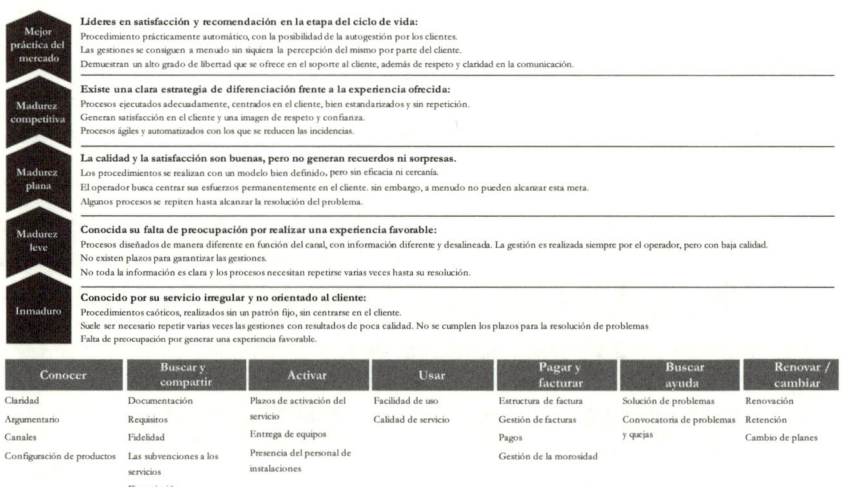

Este protocolo se encuentra establecido para cada industria (teleco, banca, seguros, alimentación, turismo), y sus reglas de observación, respuesta y ponderación responden a un trabajo exhaustivo de más de diez años de observación de la experiencia objetivamente entregada por las empresas tanto en Europa como en América.

Los resultados del trabajo de campo u observación permiten en cada etapa del ciclo de vida realizar la gráfica de una curva de experiencia, que al colocar todo un mercado en simultáneo nos permite claramente determinar la priorización de los trabajos a desarrollar para gestionar la experiencia.

A continuación podemos ver el ejemplo de un CEM Maturity Model del mercado de las telecomunicaciones móviles en un país de América Latina:

Cuadro 5.9 CEM Maturity Model del mercado de las telecomunicaciones móviles en un país latinoamericano

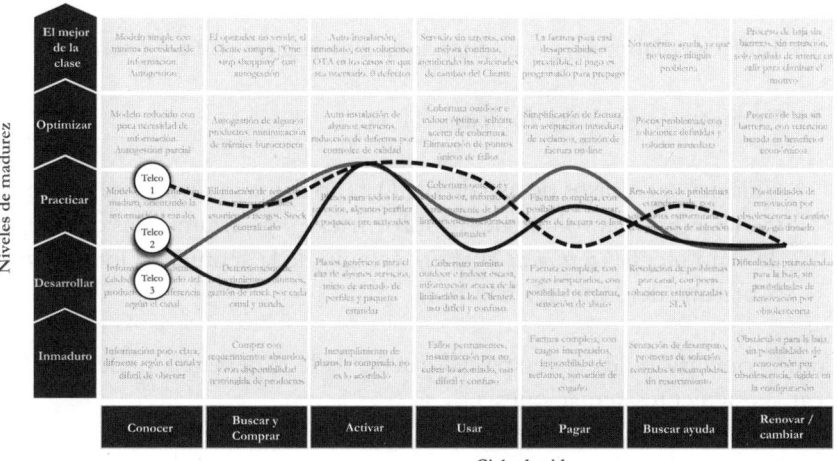

b) Voz del cliente.

Una vez definida la experiencia en todos y cada uno de los TP del modelo, así como los distintos escenarios de métricas, debemos validar con el mercado si dicha experiencia conseguirá la respuesta esperada y, por otra parte, priorizar los pasos a seguir según la importancia relativa que el público plantee para cada uno de ellos.

Para ello utilizaremos estudios tales como la voz del cliente, técnicas ya expuestas anteriormente.

Esta metodología de estudio tiene como regla de oro ir más allá de las encuestas de satisfacción y profundizar en necesidades y aspiraciones no expresadas o, más sencillo, hablar cara a cara con nuestros clientes y prospectos para entender cómo nos ven y qué quieren.

La clave está en emplear las técnicas apropiadas para hacerlo de modo fiable y sistemático de acuerdo con el objetivo de nuestro plan de mejora. Según nuestra experiencia, es necesario poner en juego varios métodos:

- Entrevistas contextuales: reporte de la experiencia en el momento que ocurre.

- Observación directa: técnicas etnográficas para documentar la experiencia sobre el terreno.

- Talleres colaborativos: diseñando la experiencia con los clientes.

- Encuestas *online* y telefónicas.

- Utilización de casos de uso de Big Data (o datos masivos, sistemas para manejar grandes volúmenes de información) y herramientas de análisis de sentimiento *(sentiment analysis),* estudio de la actitud del interlocutor sobre una determinada cuestión.

Como conclusión de esta etapa del diseño de la experiencia podemos destacar las siguientes actuaciones:

- Utilizar variables simples, relacionando tiempo (ciclo de vida o *life cycle)* y espacio (canal o *channel).*

- Definir la experiencia en cada TP de forma simple y con pocas palabras.

- Estudiar la CX de la competencia.

- Escuchar la voz del cliente: conocer a fondo sus expectativas y necesidades actuales.

- Analizar la diferenciación y el poder de cada TP.

- Identificar la capacidad de la CX contra la competencia.

c) Modelo de cocreación.

(Nota: para no caer en la reiteración, y al ser el modelo de cocreación un apartado del capítulo 4 del libro, apartado 6, tan sólo se mencionará una breve introducción al modelo. Si deseas profundizar más en el tema, reinicia la lectura en el capítulo mencionado).

Hoy sabemos que las marcas con más éxito en la innovación basan su actividad en la interacción constante con clientes, proveedores e instituciones (universidades) como medio de reducir los tiempos y costes del proceso de innovación.

Frente al modelo clásico del emprendedor aislado en su garaje que sorprende al mercado con nuevas ideas, parece que hoy el éxito depende cada vez más de la capacidad de las compañías para aprovechar el potencial innovador de los diferentes actores del mercado en su entorno, generando relaciones basadas en intereses compartidos.

Innovación abierta es lo opuesto de innovación cerrada, con la que las marcas usan sólo información generada dentro de la propia casa mediante departamentos corporativos de I+D o integración vertical con proveedores, estrechamente vigilada. Los modelos de innovación abierta (que no renuncian a sus fuentes internas de I+D) entienden la utilidad de esas fuentes alternativas de *insight* para la innovación –clientes, proveedores y empleados– en este sentido.

1.2. CEM Blueprint

A partir del diseño de la experiencia trabajada con el CEM Design Model podemos definir las acciones a acometer dentro de cada una de las áreas de nuestra empresa que tengan alguna responsabilidad en la entrega de la experiencia diseñada.

Para ello, y continuando con el principio de simplicidad anteriormente mencionado, utilizamos una metodología llamada CEM Blueprint, que propone establecer a partir de cada TP del CEM Design Model todas las acciones a requerir a todas las áreas internas y externas a la firma.

Cuadro 5.10 CEM Blueprint

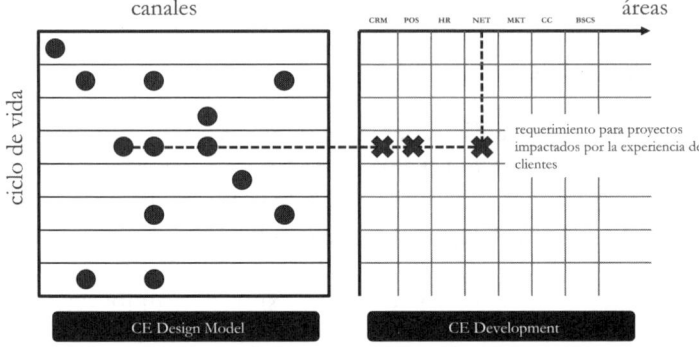

Para esta definición de tareas a establecer para cada TP de la experiencia diseñada se requiere de un profundo conocimiento del negocio sobre el cual estamos trabajando. Hace falta un conocimiento holístico que abarque desde el área de operaciones hasta el de recursos humanos, pasando por los de IT, finanzas, legal, marketing, publicidad y atención a clientes.

Tal vez este conocimiento resulte la clave de toda la metodología expresada en este documento, ya que es con él como se consigue unir los dos mundos dentro de las organizaciones, es decir, las áreas estratégicas y las áreas tácticas, y que ambas trabajen alineadas teniendo en cuenta la experiencia diseñada.

Una vez establecidas las tareas, debemos llevar adelante entrevistas con los responsables de todas y cada una de las áreas que hayan recibido alguna asignación de tareas para poder determinar en qué situación se encuentran y así poder identificarlos con uno de los tres escenarios posibles para cada tarea:

• Aprobado u OK: la tarea encomendada será realizada.

• Revisión o indefinición: la tarea podría llevarse a cabo, pero depende de otros factores fuera de su alcance.

• Rechazado o KO: la tarea resulta inviable (problemas legales, financieros, por ejemplo).

Los escenarios que podremos encontrar tras esta tarea son variados, pero lo más habitual es que muchas áreas internas planteen indefiniciones, por lo que si colocáramos en una matriz con color blanco los OK, en gris las indefiniciones y en negro los KO, nos encontraríamos con una plantilla muy similar a la siguiente:

Cuadro 5.11 Resultado de interacciones del CEM Blueprint

		25	24	Área	23	28	26	29	30	21	9	22	31	33
		Marketing	Marketing	Marketing	Local	Marketing	Marketing	Marketing	Marketing	Operaciones	Operaciones	Operaciones	Operaciones	Operaciones
Ciclo de vida	Necesidades de interacción	Marketing relacional	Branding & Comunicación	Marketing digital	Desarrollo de producto y mercado (incluido VAS)	Inteligencia de mercado (estudios)	Desarrollo de cartera	Televentas	Gestión corporativa (Corporate Account Manager)	Collections Management	IVR	CC/EC Card processing	Criterios de captura (Sales Power Management)	Call center
Conocer	Quiero conocer la marca	Revisión	Revisión	Revisión		Aprobado		Revisión	Revisión				Aprobado	Revisión
	Quiero conocer la red comercial de Nextel	Revisión	Revisión			Aprobado		Revisión					Rechazado	Revisión
	Quiero conocer la cobertura de Nextel	Revisión	Revisión	Aprobado		Rechazado		Revisión					Rechazado	Aprobado
	Quiero saber las ventajas de Nextel frente a la competencia	Revisión	Revisión	Aprobado	Aprobado								Rechazado	Aprobado
	Quiero conocer/probar sus productos/servicios (pti, datos, voz, sns…)	Revisión	Revisión	Revisión	Revisión	Aprobado		Revisión	Revisión				Aprobado	Revisión
	Quiero conocer acerca de sus procesos (venta, seguros, entregas, garantías, posventa, pago de facturas)		Revisión			Aprobado		Revisión						Aprobado
	Quiero conocer acerca de los planes de precio		Revisión		Aprobado	Aprobado								Aprobado
Buscar y comprar	¿Cuáles son las ofertas y promociones disponibles para venta/portabilidad?		Revisión			Revisión		Rechazado						Aprobado
	¿Cuál es la disponibilidad de terminales, accesorios, etc.?		Revisión			Revisión		Revisión						Rechazado
	Quiero entregar todos los documentos requeridos para el alta en Nextel							Revisión						
	Deseo firmar el contrato		Aprobado					Revisión						—
	Deseo pagar por lo comprado		Revisión	Rechazado	Revisión	Aprobado		Revisión						—
	Quiero entregar todos los documentos requeridos para portarme a Nextel		Aprobado	Rechazado	Revisión	Revisión								Aprobado
	Portabilidad numérica		Revisión	Revisión	Revisión	Revisión								Aprobado
Activar	Quiero recibir lo que compré		Aprobado			Aprobado		Aprobado						Aprobado
	Quiero utilizar lo comprado por primera vez y activarlo				Revisión	Aprobado		Rechazado						Aprobado
Usar	Quiero configurar mi servicio/equipo				Revisión	Revisión	Aprobado	Aprobado						Aprobado

Tras las entrevistas con las distintas áreas, debemos organizar una oficina de proyecto (PMO) que tenga a su cargo el seguimiento, la priorización de tareas y la generación de soluciones *(workarounds)* para mantener la experiencia diseñada más allá de las limitaciones encontradas.

Como conclusión de esta etapa podemos destacar las siguientes actuaciones a llevar a cabo:

- Utilizar proyectos y áreas existentes dentro de lo posible.

- Si hay requerimientos sin dueño, definir nuevas iniciativas.

- Comunicar a cada responsable la experiencia y los requerimientos al mismo tiempo.

- Comparar lo requerido frente al alcance de lo que se esté desarrollando para 3G.

- Determinar la brecha y estimar el impacto en la CX.

1.3. CEM Customer Readiness

Una vez asignadas las tareas y ejecutadas estas acciones para cada una de las áreas, nos debemos asegurar que dichas acciones han conseguido lo que originalmente hemos diseñado. Para ello utilizamos la metodología de CEM Customer Readiness.

El objetivo de esta metodología es proveer del soporte necesario para las mejores prácticas:

• Asegurar que la CX deseada está disponible en todos los TP.

• Detectar fallos y proponer alternativas.

• Ayudar al negocio a priorizar funcionalidades y proyectos en ejecución.

El principio fundamental de esta metodología es la creación de un modelo de pruebas que seguirá la misma estructura del CEM Design Model, es decir, a través de las pruebas de experiencia de canal frente al ciclo de vida. Así, el modelo de pruebas puede alcanzar una gran cantidad de casos (en una telco o empresa de telecomunicaciones, por ejemplo, se alcanzan las 10.000 pruebas), que poseen un ordenamiento y tipificación vinculados a este modelo:

Cuadro 5.12 Metodología de CEM Customer Readiness

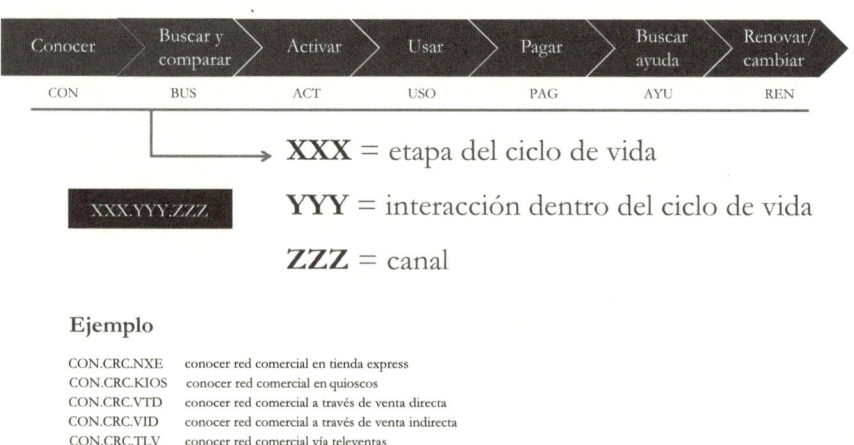

Conocer	Buscar y comparar	Activar	Usar	Pagar	Buscar ayuda	Renovar/ cambiar
CON	BUS	ACT	USO	PAG	AYU	REN

XXX = etapa del ciclo de vida

XXX.YYY.ZZZ   **YYY** = interacción dentro del ciclo de vida

ZZZ = canal

Ejemplo

CON.CRC.NXE   conocer red comercial en tienda express
CON.CRC.KIOS   conocer red comercial en quioscos
CON.CRC.VTD   conocer red comercial a través de venta directa
CON.CRC.VID   conocer red comercial a través de venta indirecta
CON.CRC.TLV   conocer red comercial vía televentas

A su vez el modelo completo de pruebas se ejecuta de forma cíclica y escalonada de forma que podamos dar tiempo a los responsables de cada canal para aplicar los cambios y ajustes necesarios antes del nuevo ciclo de pruebas. De este modo se asegura que todos los canales consiguen los niveles adecuados de cercanía con la experiencia diseñada en el CEM Design Model.

Las principales conclusiones de actuación de esta metodología son las siguientes:

- Construir las pruebas sobre un diseño establecido (CEM Design Model).

- Utilizar herramientas de soporte simples pero potentes.

- Elegir un equipo de pruebas pequeño con mucha experiencia.

- Efectuar regresiones mensuales seis meses antes del lanzamiento.

- Definir y detectar los fallos y proponer soluciones adecuadas.

1.4. CEM Centro de Pruebas de Usuario (CPU)

Una vez que la experiencia diseñada se encuentra construida y testada, debemos asegurar que los niveles de experiencia se mantengan e incluso mejoren a lo largo del tiempo.

El objetivo del CEM CPU es optimizar, desde una perspectiva de usuario, los productos, los servicios, las acciones y las promociones lanzadas en cada momento al mercado con el fin de mejorar sus tasas de aceptación por el cliente, así como la eficacia, la eficiencia y, por tanto, la rentabilidad de las mismas.

El CEM CPU se basa en un panel de usuario representado por un sistema de detección de alertas tempranas desde la perspectiva del usuario en relación con los niveles de calidad de servicio alcanzados en estas prestaciones:

- Los servicios y productos incluidos en la oferta del operador.

- Las acciones y promociones lanzadas en cada momento al mercado por la compañía.

Cuadro 5.13 CEM Centro de Pruebas de Usuario

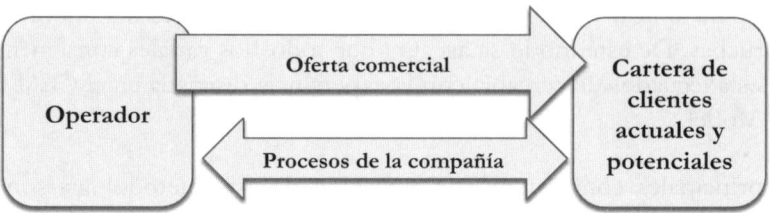

Estas alertas están referidas al nivel de servicio con que se desarrollan los procesos de negocio –entendidos en su sentido más amplio– que, interactuando entre la compañía y el usuario, dan soporte a las mencionadas acciones, promociones, servicios y productos ofertados.

El enfoque planteado se sustenta en analizar y testear a lo largo de las diferentes etapas del ciclo de vida del servicio o proceso todos aquellos puntos calientes de interacción directa con el cliente.

Cuadro 5.14 Método para testear las etapas del ciclo de vida del servicio

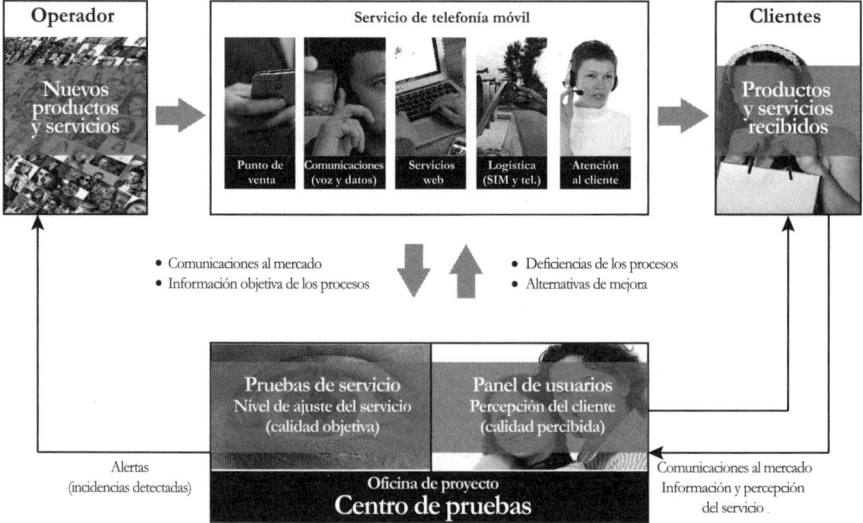

Esta metodología permite en todo momento detectar alertas del servicio, que aportan una serie de claves en pos de la solución:

- Descripción detallada del problema, incluyendo elementos fundamentales como el servicio afectado, la etapa en la que se ha detectado, el alcance de la incidencia y otra información adicional que podría resultar relevante en el momento de intentar comprender las causas que lo provocaron, como por ejemplo, la hora de detección.

- Posibilidad de calificar la incidencia en función del impacto en el negocio y en la percepción global del cliente.

- Coordinación y seguimiento de la solución planteada a la incidencia detectada.

Las conclusiones o recomendaciones de esta metodología son las siguientes:

- Establecer un proceso permanente.

- Basar el seguimiento en pruebas objetivas y percibidas.

- Utilizar una herramienta de reporte *(reporting)* y seguimiento de fallos *(bugs)*.

- Trabajar con clientes reales reclutados en la web y las redes sociales.

- Revisar la situación de la compañía mensualmente con el CE Design Model.

1.5. El enfoque modular

Son pocas las organizaciones que pueden abordar un plan global de mejora de la experiencia, ya que lo habitual es ir consolidando paulatinamente la CX diseñada. Según nuestra experiencia, la metodología de CEM puede implantarse de forma modular con diferentes enfoques:

1. Por ciclo de vida: mejorando la experiencia en aquellos momentos del cliente más vitales para el negocio: conocimiento de marca, uso, entre otros.

Cuadro 5.15 Enfoque por ciclo de vida

PAGAR Y FACTURAR: proyecto específico para el análisis y mejora de la experiencia de cliente en esta fase del ciclo de vida para uno o varios productos.

2. Por canal o TP: atacando áreas con entidad suficiente para mejorar los resultados de negocio a través de la CX. Por ejemplo, proceso de atención al cliente, la web, la experiencia en la tienda o proceso de activación.

Cuadro 5.16 Enfoque por canal o punto de contacto

CALL CENTER: proyecto específico para el análisis y mejora de la experiencia de cliente en este canal para uno o varios productos.

3. Por producto o servicio: la metodología puede comenzar a utilizarse también parcialmente (por ejemplo, para el lanzamiento de un nuevo producto) aprovechando así para depurarla y adecuarla al sector y a la idiosincrasia de la compañía.

Cuadro 5.17 Enfoque por producto o servicio

NUEVO PRODUCTO O SERVICIO: se trataría de trabajar la matriz completa de experiencia pero sólo para el nuevo producto o servicio que desea lanzarse (p.e. Atención Autónomo VIP).

Por métricas: definir, establecer, poner en marcha y calibrar el sistema de medición de la experiencia. En muchas ocasiones la experiencia está básicamente definida, pero resulta un verdadero reto encontrar las métricas para establecer un sistema de medición que permita gestionarla.

Cuadro 5.18 Enfoque por métricas

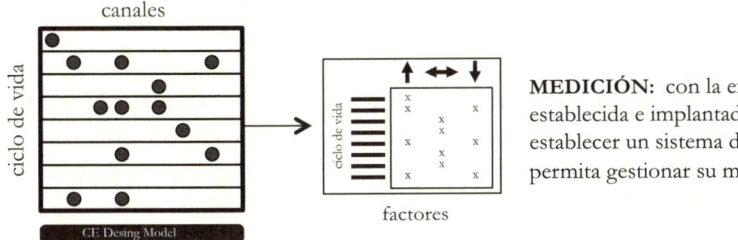

MEDICIÓN: con la experiencia establecida e implantada es necesario establecer un sistema de medición que permita gestionar su mejora continua.

2. Implementación de modelos de experiencia a través de los centros de relación con el cliente (CRC)

Muchos autores han definido la CX como «da manera en la que la organización diseña, gestiona y evalúa las interacciones entre los clientes y la compañía». La clave en esta definición es diseño; así, independientemente de cuál es la experiencia de los clientes, e independientemente de que esta sea buena o mala, es la que es porque la organización la ha diseñado así a través de las acciones, procesos y procedimientos que articulan su actividad. Por tanto, la CX no es un factor incontrolable para la organización, sino que se diseña y, por tanto, es posible plantear *a priori* cuál es la experiencia que deseamos para nuestros clientes. La cuestión es: ¿cómo hacerlo de manera eficiente? ¿Cómo lograr integrar el centro de relación con los clientes *(consumer relationship centre,* CRC) dentro del modelo general de experiencia?).

Muy pocas organizaciones observan la CX de manera holística y centran el foco en el ámbito de la comunicación y el marketing bajo un concepto de *brand centric,* es decir, la marca como eje de actuación. Sin embargo, los CRC suelen mantenerse ajenos a las áreas de negocio, integrándose verticalmente en áreas de operaciones o ventas. Esta falta de integración negocio-operación provoca que las unidades de negocio desconozcan la realidad de los centros de contacto o *contact centers*, por tanto, del canal que mayor nivel de impacto tiene en la experiencia de los clientes (estudios internos desarrollados por Brain Trust CS señalan que más del 80% de los clientes fundamentan su opinión sobre el servicio en sus vivencias a través del canal telefónico).

Entonces, ¿por dónde empezar a diseñar la experiencia de cliente en el CRC? Pues sin duda, y aunque sea obvio, comenzar por el principio sería una buena idea.

Al igual que con cualquier viaje, una vez que el destino se tiene claro, a continuación lo ideal es desarrollar una hoja de ruta que nos ayude a llegar de la mejor manera posible. Pero para hacerlo es necesario solucionar algunos desafíos antes de elaborar nuestro plan de trabajo, y el primero de ellos y más importante es saber exactamente desde qué punto estamos partiendo.

A pesar de que cada vez más las empresas son conscientes de la importancia de definir una estrategia global de CX, la realidad es que en la mayoría de las organizaciones no hay definido ni documentado un modelo transversal capaz de establecer a dónde se desea llegar. Entonces, ¿cómo saber dónde estamos y cómo lo estamos haciendo?

En este escenario, el primer paso lógico es evaluar y determinar dónde estamos justo ahora, tratando de entender lo que es hoy la CX tanto desde la perspectiva de los consumidores como desde la de la propia organización.

Para poder realizar esa evaluación antes de nada es necesario desarrollar un inventario que permita dibujar un mapa del servicio lo más detallado posible, señalando los siguientes puntos clave o *key points:*

- Los canales, los métodos y TP a través de los cuales nuestros clientes interactúan con nosotros: teléfono, correo electrónico, chat, correo y tiendas, entre otros.

- El nivel de integración de la CRM y de los procesos y herramientas de negocio en la combinación anterior.

Una vez desarrollado este mapa, el siguiente paso sería analizar para cada canal las métricas utilizadas para evaluar la percepción del cliente sobre el servicio que estamos prestando (satisfacción explícita, NPS, grado de utilidad de la interacción, solución ofrecida) y los informes disponibles para cada una de estas mediciones.

Hecho esto, el siguiente paso sería examinar los canales en los que no se está efectuando ninguna medición, así como los motivos que se encuentran detrás de esta circunstancia: ¿es una decisión consciente? ¿Se ha determinado que no es posible evaluarlo, por qué? ¿Se ha determinado que el canal afectado no es relevante? Recuerda: sólo es posible gestionar aquello que se puede medir.

Con la percepción del cliente sobre la mesa, el siguiente paso es preguntarse por la comparabilidad de los datos: ¿estamos evaluando la misma cuestión en todos los canales? ¿Las mediciones son comparables? Así, por ejemplo, en muchas ocasiones es posible encontrar organizaciones que evalúan la satisfacción con la empresa o con la marca en una encuesta, y este valor se intenta trasladar al grado de satisfacción con la última interacción o el trato del agente. A menos que evaluemos las mismas cuestiones en todos los canales, siempre se estará incurriendo en un error de concepto al intentar establecer relaciones entre las valoraciones de los diferentes canales y TP.

Una vez definido un modelo homogéneo de medición, es posible trazar el mapa de valoración del servicio en todos los canales, incluyendo el impacto global de cada uno de ellos en la valoración global de la cartera.

Quizá aquí cabe hacer una reflexión importante: ¿estas valoraciones de los clientes deberían coincidir con las evaluaciones de calidad entregada realizada por la estructura del CRC? Pues la respuesta no es sencilla, ya que depende del modelo de evaluación de calidad definido por parte de la organización. La realidad a día de hoy es que en la gran mayoría de las organizaciones ambas mediciones son paralelas y en muy raras ocasiones es posible establecer relaciones directas entre ambos indicadores.

Llegados a este punto, y nos guste o no, las valoraciones de nuestros clientes son sus opiniones sobre el servicio que ofrecemos, y por ende, la experiencia que tenemos ahora y el resultado del modelo de servicio que hemos diseñado y puesto en marcha.

El último paso en la definición de la CX pasaría por analizar los mensajes que estamos proporcionando a nuestros clientes tanto actuales como potenciales y el nivel de alineamiento de los mismos con los valores y misión de la compañía, además de con la estrategia general de comunicación y marketing que articula los mismos.

Especialmente importante al examinar los mensajes de marketing y de marca es profundizar en el aspecto emocional que transmiten. Las personas toman decisiones en función de la emoción y después racionalizan. Por tanto, lo que los mensajes hacen sentir tiene mucho que ver con cómo un cliente se sentirá acerca de una marca, un producto o una interacción en el CRC. En llamadas y centros de contacto a menudo nos enfocamos estrictamente en lo que se puede y no se puede decir, olvidando las emociones. La poeta, novelista y activista por los derechos civiles estadounidense Maya Angelou decía lo siguiente: «he aprendido que la gente olvidará lo que dijiste. La gente va a olvidar lo que hiciste. Pero la gente nunca olvidará cómo la hiciste sentir».

En línea con lo anterior, si la comunicación corporativa y la imagen de marca transmiten calidez y cercanía, la gestión operativa del CRC debería huir de modelos herméticos que empleen argumentarios totalmente cerrados que limiten a los agentes la interacción con el cliente y que no hagan más que transmitir sensaciones radicalmente opuestas.

El riesgo más elevado que existe en las organizaciones es el salto de la promesa a la entrega del producto y el servicio prestado por el CRC, que muy a menudo se degrada con la realidad de la entrega y el servicio posventa. Para minimizar este riesgo deberíamos ser capaces de responder a las siguientes cuestiones:

- ¿La misión/visión/valor y mensajes de negocio apoyan la CX que queremos crear?

- ¿Qué descripciones y fases usaremos para definir esta experiencia?

- ¿Qué descripciones deberían manejar nuestros clientes para definir la experiencia?

- ¿Cómo queremos que un cliente se sienta después de una interacción?

Las respuestas a estas preguntas se convierten en el punto de partida de la alineación del centro de contacto con el mensaje de la marca, convirtiéndose en los pilares básicos que necesitaremos para desarrollar la hoja de ruta del modelo de CX.

En resumen, los pasos en el diseño de una hoja de ruta para el desarrollo de un modelo de CX en el CRC deberían ser los siguientes:

1. Conocer en detalle cuál es la experiencia de partida.

2. Saber cómo se está midiendo la experiencia.

3. Entender el impacto de las políticas y los procesos en los clientes.

4. Desarrollar un plan de testeo de los cambios a implementar.

5. Elaborar un modelo de gestión del cambio para garantizar la implementación del modelo en toda la organización.

6. Establecer un modelo de medición del impacto de las modificaciones efectuadas.

7. Desarrollar un sistema de extensión (o *roll out*) de las acciones con impacto positivo.

2.1. Factores críticos en la experiencia de cliente en el CRC

Como se indicaba anteriormente, muy pocas organizaciones hacen una reflexión holística de la CX, y en el caso de los CRC, esa visión parcial se suele agravar sustancialmente. Tal es así que en la mayoría de las ocasiones parece que la gestión operativa del CRC suele considerarse la causa fundamental de las variaciones en la valoración de la experiencia, sin tener en cuenta el impacto que en dicha gestión pueden tener otros factores con un alcance que supera las fronteras del ámbito de responsabilidad del CRC.

Pero ¿qué factores han de considerarse a la hora de evaluar el impacto real del servicio ofrecido desde el CRC en la CX? ¿Y cómo impactan realmente cada uno de ellos en la sensación de haber recibido un servicio realmente diferencial?

Aunque tratar de expresar matemáticamente los sentimientos del cliente puede parecer un ejercicio presuntuoso, quizá el siguiente modelo podría resumir perfectamente cuáles son los elementos de la gestión del CRC con mayor impacto en la experiencia a través de los diferentes canales y, por tanto, en la valoración de servicio diferencial que puedan tener los clientes.

Cuadro 5.19 Modelo de gestión de la experiencia del CRC

$$VDS_{crc} = \sum_i s_i \left(\sum_j s_j \left(p_a \left[\left(\sum_{T|k=1}^{n} \propto_k \left(\frac{\beta_{1k}(EA_k) + \sum_l \beta_{lk}(SAH_{lk})}{N_k} \right) \right) \right]^{\left(\frac{1}{|DN|}\right)} + p_b \left(\frac{Sac_S}{Sac_C} \right) + p_c \left(\frac{Sac_S}{Sac_M} \right) + p_d(\vartheta) + p_e(\varepsilon) \right) \right)$$

Antes de entrar en detalle sobre cada uno de los componentes, quizá merezca la pena empezar por el final, es decir, determinar cuál es el factor más relevante de todos.

En el marco de un modelo de CEM hay un factor clave a tener en cuenta, y es el motivo por el que los clientes contactan a través de estos canales, y que básicamente se puede resumir en lo siguiente: «quiero una solución, y la quiero ya...». Una solución que bien puede atender a un problema real o percibido como tal por el cliente, a una solicitud de aplicación de una política concreta, a una necesidad de información o a causas tan variopintas como combinaciones de servicios que puede tener contratados, pero en el fondo todas cumplen una característica básica: el cliente contacta por necesidad y no por gusto.

En este sentido, cuando hablamos de la gestión de la experiencia en los CRC, la premisa de partida debería ser: antes de intentar deslumbrar, primero soluciona. Esta frase, que parece una obviedad, es uno de los grandes retos tanto en el corto como en el medio plazo de la CEM a través de estos canales.

Por tanto, reducir el número de interacciones necesarias para ofrecer una solución se perfila como la clave para asegurar una experiencia óptima por parte del cliente. Nos encontramos, por tanto, ante un clásico: la solución en el primer contacto *(first call resolution,* FCR) se presenta como el elemento más relevante de cualquier modelo de gestión de la experiencia a través de los canales de interacción con el cliente (además de tener en cuenta su faceta como elemento también clave en la cuenta de resultados del servicio).

Dentro del modelo definido al inicio del capítulo, el FCR quedaría representado por el componente N_k (número de interacciones necesarias para solventar el motivo k). Obsérvese que a mayor número de interacciones, mayor penalización del indicador.

No obstante, sin las políticas y herramientas adecuadas para lograr ofrecer una solución verosímil y eficaz para el cliente —y en un tiempo razonable también para él, no para la organización— cualquier intento que se pueda hacer para mejorar el *call journey* y reducir los puntos desagradables o *pain points* durante la llamada no dejarán de ser fuegos de artificio sin un retorno real en cualquier indicador orientado a medir el grado de diferenciación del servicio y, por tanto, el impacto que puede tener dicho servicio en el nivel de fidelidad y recomendación de los clientes que se ven forzados a utilizarlo, que, no nos olvidemos, es el objetivo final de cualquier modelo de gestión de la CX.

Como ya se indicaba, el CRC no vive ajeno al resto de la organización y, por tanto, resulta influenciado por las políticas y herramientas utilizadas a nivel global. Esta circunstancia se refleja en el modelo definido al inicio del presente capítulo, en el que es posible diferenciar básicamente tres tipo de factores:

• Factores operativos: son los factores propios del servicio y, por tanto, aquellos cuyo impacto depende directamente de la actuación operativa o *performance* de los distintos canales integrados a través del centro de relación con el cliente.

Fundamentalmente se distinguen dos grandes tipos:

1. Área de participación o *engagement area* (EA) de los agentes, que a modo de resumen podría definirse a través del siguiente esquema:

Cuadro 5.20 Área de participación

Empowerment	Factores higiénicos	Factores de motivación
Formación, procesos y herramientas disponibles a lo largo del ciclo de vida del empleado.	Supervisión, relaciones laborales, condiciones físicas del puesto de trabajo, remuneración, prestaciones, seguridad laboral y políticas administrativas.	Reconocimiento del desempeño, responsabilidad asociada al puesto, oportunidades de crecimiento profesional y personal.

2. SAH: elementos higiénicos del servicio solicitados por cualquier usuario de canales remotos, como por ejemplo, facilidad de acceso al servicio, tiempo de espera para ser atendido, grado de empatía o trato prestado por del agente.

Cuadro 5.21 SAH

Valoración explícita de los atributos «inherentes» al servicio	Comportamiento «relacional» en la valoración de los clientes
Facilidad y tiempo de acceso, información y solución aportada, conocimiento del agente, trato y empatía.	Nivel de factorización en la valoración global de los atributos del cliente: interpretación de la experiencia global.

3. DN: nivel de detractores del servicio. Por buena que sea la gestión efectuada por un agente, la valoración global de la interacción se ve muy penalizada por las experiencias anteriores del cliente. Esta circunstancia tiene su reflejo en el número de detractores del servicio y se observa que a mayor número de detractores, la penalización sistemática de las interacciones incrementa casi exponencialmente.

- Factores organizativos o de negocio:

1. Índice de satisfacción relativa *(Relative satisfaction index*, RSI) $\left(\dfrac{Sac_S}{Sac_c}\right)$

   Evidentemente los clientes no juzgan sólo en función de su experiencia con la organización, sino que tienen muy presentes sus experiencias pasadas y presentes con otros servicios contratados. Este factor considera el posicionamiento relativo de la organización frente a otras organizaciones del sector en cuanto a la valoración del servicio ofrecido por parte del centro de relación con el cliente; este ratio de comparación puede expresarse según el indicador disponible en cada momento (satisfacción global explícita, NPS).

   A mayor valor del ratio, mejor posicionamiento de la organización dentro del sector y, por tanto, mayor capacidad *a priori* para ofrecer un servicio diferencial.

2. Efecto de la imagen y experiencia global de marca **Pd (ϑ)**

   Quizá este sea uno de los elementos que más penalizan a la gestión realizada por parte de los CRC, pero que *a priori* resulta el más complejo de medir y cuantificar.

- ¿Cómo impacta en la valoración del CRC la CX en otros canales?

- ¿Y la estrategia de comunicación?

- ¿Y la calidad en la entrega del producto o servicio comercializado?

- ¿Y la imagen de marca general de la compañía?

- Factores ambientales o de entorno: aplicando la misma lógica que en los factores organizativos, sería poco realista no tener en cuenta la CX en otras compañías a la hora de valorar el servicio prestado desde el centro de relación con los clientes. El impacto de este factor se mide a través del componente denominado índice de satisfacción global relativa *(global relative satisfaction index)* $\left(\dfrac{\text{Sac}_S}{\text{Sac}_M}\right)$

Al igual que el RSI, este ratio de comparación puede expresarse según el indicador disponible en cada momento (satisfacción global explícita, NPS).

Obsérvese cómo hay un componente incorporado en el modelo que aún no se ha mencionado, y es el representado por **Pe (ε)**

Este factor cuantifica el ruido del modelo que resulta posible explicar y se encuentra asociado principalmente a aspectos emocionales no vinculados a la marca o el servicio (como ya decíamos al comienzo del capítulo, intentar explicar el cien por cien de un sentimiento es un intento simplemente pretencioso). No obstante, con carácter general podríamos considerar un modelo adecuado aquel capaz de explicar entre el 75% y el 80% de la valoración del servicio por parte de los clientes.

Una vez que se han definido los distintos componentes, hay que detenerse en otros elementos críticos a la hora de valorar el modelo:

1. No todas las tipologías de interacción afectan del igual modo.

2. El perfil de negocio de cliente es determinante en el momento de valorar el servicio (como ejemplo sencillo, a mayor consumo, mayor nivel de exigencia en principio).

3. Más importante si cabe que el perfil de negocio resulta el perfil de interacción con la compañía. Un ejemplo claro en este punto lo encontramos en el sector de las telecomunicaciones, en el que cerca del 80% de los usuarios de canales digitales de atención lo emplean como último recurso ante la imposibilidad de solventar su motivo de contacto a través del canal telefónico. Es obvio que en estos casos el perfil de uso impacta directamente en la línea de flotación de la valoración global del servicio.

Todas estas afirmaciones quedarían representadas en los siguientes elementos:

- α_k = tipologías de interacción gestionadas a través del CRC.

- s_i = grupo de cliente en el modelo de segmentación de negocio de la cartera.

- Si = segmento de cliente en función de su perfil de relación (contacto) con la compañía.

Por último, cabe señalar la importancia de determinar el peso relativo de cada factor en la valoración de los clientes, clave para poder establecer palancas y prioridades de mejora con retorno real en el indicador (véase en la fórmula cómo quedarían representados por P, alfa y beta, respectivamente).

2.2. Herramientas básicas para el diagnóstico de la experiencia en el CRC

Como se ha mencionado, una de las primeras acciones a llevar a cabo para abordar el diseño y posterior implantación de la experiencia es el diagnóstico de la situación de partida de la experiencia entregada, tanto desde una perspectiva interna como en relación con el servicio ofrecido por la competencia de la entidad en sus mercados de referencia y sus principales segmentos de clientes.

Con el objetivo de recabar datos objetivos que permitan realizar un diagnóstico 360° de los canales, hay una serie de herramientas esenciales a tener en cuenta, y que quedan resumidas en el cuadro 5.22.

Cuadro 5.22 Diagnóstico de la situación de partida de la experiencia entregada

	Ámbito		Canales			
	Experiencia «entregada»	Experiencia «percibida»	Telefónico	Web	Redes sociales	Punto de venta
Monitorización de interacciones de cliente	●		●	●	●	
Talleres de trabajo con personal operativo, de estructura y directivos asignados a los servicios articulados a través de los canales	●		●	●	●	●
Mystery user interno y competencia	●	●	●	●	●	●
Mystery user de servicios no sectoriales	●	●	●	●	●	
Voz de cliente: grupos de discusión y análisis de la información interna disponible sobre la valoración del servicio		●	●	●	●	●

A continuación profundizaremos sobre cada una de ellas:

• Monitorización de interacciones de cliente: auditoría de proceso con el fin de detectar los principales cuellos de botella y puntos desagradables para el cliente. En tanto en cuanto los recursos suelen ser limitados, con el objetivo de ofrecer una visión 360º del servicio, es aconsejable plantear un muestreo significativo referido al servicio, huyendo de muestras específicas por agente.

• Talleres con personal operativo, de estructura y directivo: el objetivo de esta herramienta sería conocer de primera mano la estrategia global de la empresa en cada canal, la promesa de marca y políticas de atención aplicadas, y la forma en que se traslada estas a los diferentes segmentos de clientes. Para ello se realizarían grupos de trabajo con directivos y personal involucrado en la gestión de los diferentes canales (estructura y ejecutivos), en las que se trataría de identificar los procesos palanca con impacto real en los clientes y las circunstancias particulares de operativa que rodean a cada uno de ellos.

• Cliente misterioso *o mystery user* sectorial e intersectorial: el objetivo es simular escenarios como cliente real tanto en la entidad como entre sus diferentes competidores, todo ello con el objetivo de conocer la experiencia actual que se está entregando al cliente en ambos casos e identificar puntos fuertes y débiles para los diferentes procesos analizados. Los escenarios planteados deberían tocar todo el ciclo de vida como cliente, desde el alta de un producto hasta la posible cancelación de servicio contratado.

• Análisis de la voz del cliente: grupos de discusión y análisis de la información interna. Consiste en plantear la realización de grupos de discusión con el objetivo de investigar los atributos experienciales más determinantes para cada canal y perfil de uso de los mismos según la percepción del cliente en cada segmento. Durante el desarrollo de los grupos de discusión se indagaría el impacto en la experiencia a nivel cualitativo de cada una de las palancas o atributos del servicio por canal. Posteriormente esta información se debería cruzar con el análisis histórico de la información cuantitativa disponible por la entidad a partir de los diferentes estudios realizados en los ámbitos de satisfacción y operación.

2.3. Entrega de las experiencias diseñadas a través del CRC

Una vez diseñado el modelo de experiencia y definida cuál es la experiencia que deseamos entregar a nuestros clientes a través del CRC, el siguiente paso es desarrollar un plan ordenado para la puesta en marcha del modelo a lo largo de las distintas unidades organizativas y los procesos que se vean afectados. Este plan deberá contemplar al menos dos grandes fases:

1. Validación del modelo de experiencia definido para los distintos canales.

2. Implantación y seguimiento de las acciones.

Veamos en detalle los aspectos más destacables en cada una de estas fases.

1. Etapa 1: validación del modelo de experiencia en los distintos canales.

   Con el objetivo de evaluar el impacto potencial en la cartera de clientes y evitar el desarrollo de acciones costosas (tanto en tiempo como en recursos) que finalmente no tengan retorno real, resulta imprescindible desarrollar acciones piloto para probar el diseño en cada uno de los canales con un alcance limitado y los siguientes objetivos:

   • Validar el diseño realizado y, en función de los aprendizajes de las acciones piloto, si es necesario, retocar el diseño de la experiencia.

   • Realizar los prediseños de las herramientas de seguimiento que resultarán necesarios para la implantación.

- Estimar los posibles resultados de negocio para la entidad del conjunto del cambio a la nueva experiencia.

Una vez desarrolladas las pruebas, en función de los resultados obtenidos en la acción piloto, se podría realizar una extrapolación hacia el conjunto de la empresa y distintos segmentos de clientes (tanto de negocio como actitudinales).

Estos resultados y su extrapolación ayudan de forma decisiva a que la alta dirección apoye sin fisuras la implantación del modelo, sin duda la fase más complicada de este tipo de proyectos; igualmente, pero esta vez en cuanto a las unidades de la compañía que se van a ver más afectadas por el cambio en la experiencia, utilizar las acciones piloto como pequeños casos de éxito con los que dar ejemplo de la efectividad de los cambios ayuda de forma importante en la gestión del cambio.

2. Etapa 2: implantación y seguimiento de las acciones.

Una vez realizado el diagnóstico de la realidad, y el diseño y validación de la nueva experiencia a generar para los clientes a través de las acciones piloto, en esta fase se debería desarrollar un plan de proyecto que recogiese paso a paso todas las acciones que habría que ejecutar para alcanzar la nueva experiencia definida.

Las acciones a desarrollar se deben describir de forma pormenorizada, de modo que la organización en su conjunto pueda iniciar el camino de la ejecución de dichas acciones, disponiendo *briefings* o sesiones informativas completas sobre las mismas con evaluaciones preliminares de impacto, esfuerzo y costes, así como su prioridad.

La hoja de ruta diseñada en el plan de trabajo debería especificar el orden recomendado de ejecución de las acciones (corto, medio, largo plazo), teniendo en cuenta el cambio cultural que se debe producir para generar la nueva experiencia. El plan de proyecto debe ser cerrado y completo, describir el camino para implantar la CX diseñada y, en todo caso, incorporar un cronograma orientativo de la implantación.

En línea con lo indicado, el plan de proyecto debería contemplar al menos los siguientes elementos:

- Descripción detallada de todas las acciones a realizar.

- Evaluación de impacto, esfuerzo, coste, prioridad y beneficios de cada acción.

- Selección y definición de los atributos o elementos esenciales para los clientes de la entidad en cada canal.

- Propuesta de KPI para el seguimiento de las acciones a implantar.

- Guías con las directrices de comportamiento a observar en los TP para lograr generar una experiencia homogénea en todos ellos, debiendo desarrollarse guías de operación diferenciadas al menos para los principales TP identificados.

- Propuesta de modelo de gobierno o *governance* para implementar la transformación del modelo.

Además de la elaboración del plan de proyecto, en esta fase se debería plantear un modelo de seguimiento tanto de la implantación de las iniciativas como de la propia CEM. Para ello se recomienda utilizar soluciones informáticas capaces de incorporar los parámetros operativos establecidos para los diferentes aspectos de gestión de la experiencia y, según los datos que se obtengan, construir cuadros de mando para poder evaluarlos y gestionarlos.

Igualmente se deberían revisar en detalle los procedimientos existentes para la recogida de la voz del cliente y, en su caso, efectuar un planteamiento para su posible modificación con el fin de incorporar los parámetros que definan la nueva CX. La medición sistemática de los parámetros explícitos de CX a través de la voz del cliente permitiría detectar desviaciones entre la experiencia generada y la diseñada, indicando qué palancas podrían accionarse para alinearlas.

3. Monitorización avanzada, herramienta clave para la gestión de la CX en el CRC

La clave del éxito de la implantación del diseño de la experiencia en un entorno tan inestable como es el CRC radica en la capacidad de la organización para evaluar el impacto de las acciones desarrolladas en el marco del plan de implantación y la disponibilidad de herramientas que permitan establecer la relación existente entre la calidad entregada y la percepción del usuario final.

Por tradición, las auditorías desarrolladas en el CRC han hecho foco sólo sobre una parte de la película y se han centrado en exclusiva en el nivel de cumplimiento de la calidad entregada (cumplimiento de protocolos, argumentarios, políticas), pero han olvidado la repercusión potencial de las mismas en el usuario del servicio.

Además, pero no menos relevante, tradicionalmente también se ha obviado el impacto de dos variables fundamentales a la hora de comprender el impacto de la operativa en el cliente:

1. El *performance* de la plataforma en los resultados de calidad entregada: por ejemplo, ¿cuál sería el impacto esperado en el cliente en una plataforma obligada a una productividad por hora muy por encima a la óptima para poder atender correctamente y de manera homogénea a lo largo de toda la jornada?

2. El perfil de uso de los servicios y los canales por parte de los clientes.

Por tanto, la monitorización avanzada no es más que un proceso de evaluación de la CX capaz de integrar las cinco fuentes básicas que explican el grado de cumplimiento de la prestación del servicio y sus repercusiones en la percepción del mismo por parte del usuario, que son las siguientes:

• El grado de cumplimiento de los estándares del servicio.

• La valoración de la interacción por parte del cliente.

• La valoración global del servicio por parte de los usuarios.

• El *performance* operativo de la plataforma (dimensionamiento, tiempos de acceso, AHT, ACD, ACW y HOLD).

• El perfil de uso del servicio por parte de los usuarios y la manera que tienen de relacionarse con la compañía (perfil de uso de los canales remotos).

A continuación se muestra un esquema general del proceso de auditoría sustentando en este modelo de evaluación.

Cuadro 5.23 Proceso de auditoría

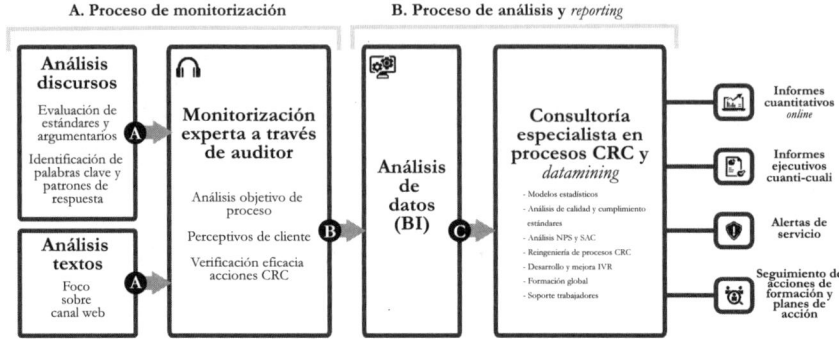

Como puede observarse, el peso de la actividad de los analistas de minería de datos *(data mining)* e inteligencia empresarial *(business intelligence)* es notable, en especial como consecuencia de la gran cantidad de información gestionada en el CRC tanto en los sistemas de gestión operativa como en la CRM.

En cualquier caso a la hora de diseñar un modelo de evaluación de estas características hay que tener presentes una serie de cuestiones relevantes:

1. Es necesario seleccionar el modelo de muestreo más eficiente para cubrir las necesidades de información requeridas en cada caso. Con carácter general las alternativas de muestreo existentes podrían resumirse en el cuadro 5.24.

Cuadro 5.24 Alternativas de muestreo

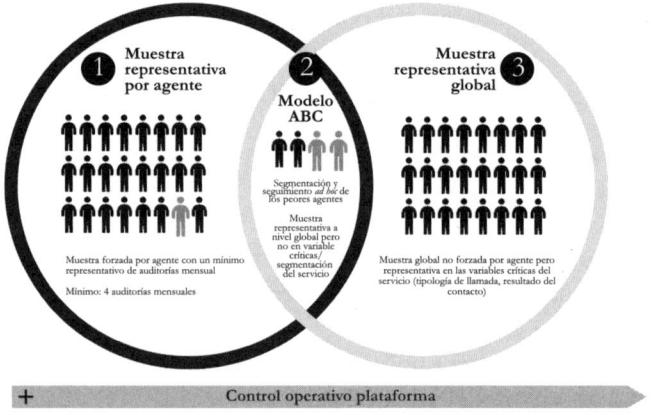

2. Es fundamental desarrollar estándares de evaluación capaces de recoger la doble perspectiva del servicio, esto es, calidad entregada y calidad percibida. A modo de ejemplo, un modelo adecuado podría ser algo similar al representado en el cuadro 5.25.

Cuadro 5.25 Modelo de evaluación

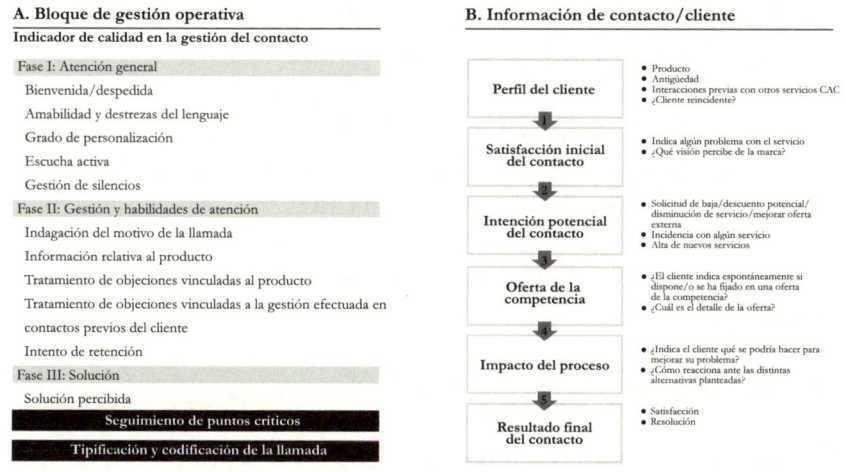

3. Establecer las bases de un modelo de trabajo que asegure la idoneidad de las auditorías realizadas y del análisis posterior de los resultados alcanzados. El cuadro 5.26 es un ejemplo de ello.

Cuadro 5.26 Ejemplo de modelo de trabajo

173

4. Finalmente es necesario disponer de un sistema de *reporting* ágil y sencillo capaz de integrar y cruzar las diferentes fuentes de información empleadas en el proceso. Algunas soluciones comerciales como Qlik View, Power Pivot o MicroStrategy son buenos ejemplos de este tipo de sistemas.

3.1. Impacto de los modelos de gestión del CRC en la CX. Conclusiones

Cuando en capítulos anteriores se enumeraban los principales factores que pueden impactar en la CX, no se mencionó a propósito uno de los más relevantes, esto es, el modelo de gestión del CRC.

Con carácter general se podrían considerar dos variables clave del modelo de gestión con impacto directo en la CX:

• El grado de externalización de los servicios.

• La ubicación física de los mismos (modelos interiores o *inshore*, externalizados *[nearshore]*, deslocalizados *[offshore]* o mixtos).

Durante los últimos años la externalización total de servicios en modelos deslocalizados ha sido la tónica general de la mayoría de los servicios CRC de las empresas españolas. Se han escrito ríos de tinta sobre las virtudes de estos modelos, en especial de su vertiente económico-financiera, pero la realidad es que a pesar de los esfuerzos de implantación, desde un punto de vista de CX los resultados no parecen haber sido demasiado halagüeños. Incluso siendo estrictos, técnicamente tampoco desde un punto de vista económico. Tal es así que en muchas ocasiones la mayoría de los ahorros sobre el coste directo de los servicios se han perdido por los innumerables recursos dedicados a garantizar la calidad de servicio y una buena experiencia de usuario (UX).

La cuestión en este punto es la siguiente: ¿dónde está realmente el problema? ¿En la externalización o en la deslocalización de los servicios?

Es obvio que el impacto cultural aparece como un factor importante en la UX, pero si se profundiza en el problema, es posible observar cómo no parece ser el más crítico, y sobre todo, cómo con las técnicas oportunas de gestión cultural y de empoderamiento o *empowerment* de los agentes es posible aliviar su impacto.

La realidad es que la mayoría de los fracasos en este tipo de modelos han tenido su origen en elementos propios del modelo de negocio cerrado con los proveedores de servicio, y no tanto en la deslocalización de los mismos, entre los que han destacado aspectos como los que se enumeran a continuación:

- En la mayoría de las organizaciones el CRC se sigue considerando un centro de coste y se obvia que es el principal canal de comunicación con los clientes. Desde esta concepción, se cierran modelos de negocio con proveedores que apenas dejan margen operativo y, por tanto, obligan a una presión en productividad a los agentes que, en ocasiones, hace incompatible el servicio con la filosofía de calidad y CX definida por la organización.

- En la misma línea que antes, una variable clave de la gestión operativa es la estructura dedicada por el proveedor a garantizar el cumplimiento de las políticas y modelos de experiencia previstos en cada caso. Con modelos de negocio sustentados en margen cero, este es uno de los principales elementos de ahorro de los proveedores, aspecto que penaliza sobremanera cualquier acción que se pueda desarrollar en el ámbito de la CX.

- Otro tema no menor aparece en el modelo de transmisión y cesión del servicio; fallos en la planificación o en la articulación de los procesos de negocio a través del proveedor suelen generar un impacto en la cartera muy difícil de contrarrestar en el corto-medio plazo.

- Por último, en la mayoría de los casos la deslocalización de los servicios se ha estado llevando a cabo en países situados a gran distancia de España, sobre todo en América Latina. Esto ha obligado a las empresas a ceder casi en su totalidad la gestión de los servicios a los proveedores, lo que dificulta el control de la cadena de valor del servicio por parte de la propia entidad.

No obstante, y a pesar de lo señalado, es evidente que la deslocalización ha supuesto un problema importante para algunas organizaciones. De hecho, durante los dos últimos años –aprovechando el impacto de la crisis económica– algunas grandes empresas, en especial del sector de las telecomunicaciones, han optado por repatriar servicios y apostar por una estrategia de cercanía orientada a aumentar la percepción de calidad de servicio.

Sin embargo, el éxito de este modelo no es tan evidente y, según expertos del sector, pasa por garantizar tres de las claves que se han destacado a lo largo del presente texto:

- La cercanía en sí misma no es un valor diferencial para el cliente si no viene acompañada de la capacidad para solucionar sus problemas en el menor número de contactos posibles y en un tiempo razonable para el usuario. Esto obliga, como ya se ha mencionado, a garantizar el correcto ajuste de los procesos operativos y de negocio y alinearlos a su vez con los aspectos clave desde un punto de vista experiencial.

- La configuración del modelo ha de llevarse a cabo atendiendo a los diferentes segmentos de cliente atendidos en el servicio, teniendo en cuenta su diversificación o *mix* de negocio y el perfil de contacto con la compañía.

- Ya sea interior, externalizado o deslocalizado, el modelo de negocio de cualquier servicio externalizado debe estar alineado con el modelo de experiencia y calidad de servicio buscado por la compañía. En caso contrario, estará destinado al fracaso.

En resumen, se pueden extraer las siguientes conclusiones:

- Los canales remotos continúan siendo a día de hoy el principal canal de contacto con los clientes a lo largo de todo su ciclo de vida. Por ello, es necesario un cambio de paradigma en las organizaciones, que deben dejar de considerar estos canales simples centros de coste y de gestión de interacciones para pensar en ellos como elementos clave del modelo de experiencia de los clientes.

- Para lograrlo es imprescindible integrar el CRC a lo largo de todas las unidades organizativas y procesos de negocio, e incorporarlo como eje vertebrador del diseño de la CX.

- Durante la fase de diseño es imprescindible establecer el impacto en la valoración del servicio no sólo de los elementos intrínsecos del mismo, como por ejemplo, empoderamiento de los agentes o factores higiénicos de cualquier modelo de atención, sino también de los aspectos vinculados a la posición de mercado y del entorno que tienen influencia directa sobre la experiencia de los usuarios.

- Identificados los diferentes componentes que definen la valoración del servicio y su importancia relativa en el modelo, y una vez definido el sistema de medición de los mismos, estos deben utilizarse como hoja de ruta a la hora de establecer las palancas y acciones de mejora con mayor potencial de retorno en los diferentes indicadores de experiencia sobre los que se articule el servicio.

- Antes de la puesta en marcha del modelo definido, resulta fundamental el desarrollo de pruebas piloto para cada uno de los puntos de contacto o desagradables incorporados en el modelo. En cualquier caso, la implantación ha de venir guiada por un plan detallado de las acciones a desarrollar, así como de un proyecto de gestión del cambio que minimice el impacto de las mismas y ayude a evangelizar al conjunto de la organización sobre la necesidad de ponerlas en marcha.

- No existe una fórmula mágica capaz de señalar cuál es el modelo óptimo de gestión del CRC, ya que dependerá de múltiples factores, desde el tipo de servicio hasta el grado de madurez de las operaciones. No obstante sea cual sea la opción seleccionada, esta deberá articularse a través de un modelo coherente y comprometido con las directrices y filosofía de experiencia establecidas en la fase de diseño. Esto resultará más relevante en servicios por completo externalizados.

4. La experiencia de usuario en medios digitales

Manuel Suárez, director asociado de Brain Trust CS para el área de Procesos, organización y recursos humanos.

«El 80% de las empresas creen que entregan una experiencia superior a sus clientes, pero sólo el 8% de sus clientes están de acuerdo».

Bain & Co. (2007), *Bain Customer Led Growth Diagnostic Questionnaire*

¿Qué podemos hacer en el mundo *online* para disminuir esa brecha entre lo que creemos que entregamos y la realidad percibida por los clientes?

4.1. Cómo crear una experiencia *online*

Cuando hablamos del mundo *online,* no podemos olvidar que es un mundo paralelo al *offline.* Aunque son planos y canales distintos, y pueden dar servicio a una misma base de clientes, no siempre ocurre así. Cada canal tiene su propia lógica y sus peculiaridades. Lo que sí debe tener el canal *online* o digital es coherencia con la estrategia de CX que diseñemos para la realidad de la empresa *offline.*

No podemos dejar de tener en cuenta que en las plataformas *online* conceptos como la usabilidad de la plataforma frente a los recorridos de compra que habría en el *offline* o la atención personal frente a la realidad aumentada nos hablan de lo mismo, pero bajo la modalidad de otro canal con otro tipo de requerimientos y características. Muchas tiendas *online* o negocios en Internet buscan la sofisticación, pero olvidan que sus usuarios viven o pueden vivir experiencias. Detrás de una tecnología, por muy buena que sea, siempre hay personas: gente que la produce y gente que la consume.

Pasamos de la comunicación a través del boca a boca al me gusta, recomiendo, comento de las redes sociales. En este nuevo mundo, palabras como movilidad, interacción, comunicación, accesibilidad a la información, conocimiento, velocidad y seguridad forman parte de las variables que convergen en nuestros clientes, y el operador no puede dejar de tenerlas en cuenta en la relación que mantiene con estos al crear una experiencia *online.*

Un ejemplo muy característico de experiencia *online* es la tienda americana de calzado Zappos (desde 2009 pertenece a Amazon), que es la tienda *online* de zapatos más grande del mundo por facturación (más de 1.120 millones de dólares estadounidenses). Lo que llama Zappos «entregar una experiencia ¡guau!» es lo que permite que sus clientes sean los grandes defensores de la marca, con lo que consigue fidelizar desde la misma compra. La experiencia empieza por no cobrar los gastos de envío ni de entrega ni de devolución de los productos. Al revés, anima a sus clientes a comprar varios pares de zapatos, probárselos para ver cómo quedan y devolver sin ningún gasto aquellos que finalmente no se quieran quedar. Algo de la experiencia que se tiene cuando somos clientes de Zappos y compramos *online* podría ser similar a lo siguiente: imaginemos que hemos visto en una tienda *online* unos zapatos que nos gustan, pero no hay de tu talla. Desilusionado, llamas al centro de atención de la web. El empleado que te atiende hace su propia búsqueda y te confirma que no quedan, pero te dice que en cuanto haya te avisará personalmente. Sin embargo, el compromiso del empleado no queda ahí y continúa la labor diciéndote los números de los centros de atención de otras tiendas *online* para que puedas seguir con la búsqueda. Nosotros, como clientes, estamos encantados y a la vez sorprendidos, y difundimos esta experiencia por las redes sociales. Con semejante publicidad y recomendación fiable, ¿quién necesita del marketing *online*? Zappos hace una clara apuesta por la experiencia. La tienda *online* de zapatos no se conforma con la satisfacción del cliente. Según ellos mismos predican, la experiencia llega con la sorpresa, con lo extraordinario. En Zappos dicen cosas que pueden chocar, como «somos una empresa de servicio al cliente que casualmente vende zapatos» o también «no hay nada que hacer con los productos que se venden y todo por hacer con las personas a las que se vende».

El cliente es el medio y la meta, la principal razón del negocio. Lo explica el propio Tony Hsieh, fundador y consejero delegado de Zappos, en su reciente libro *Delivering Happiness,* donde resume el secreto de su éxito en estos diez mensajes:

- Abraza el cambio.

- Diviértete y sé un poco extravagante.

- Consigue el ¡guau! del cliente.

- Busca aventura, sé abierto de mente y creativo.

- Busca el aprendizaje y el crecimiento.

- Haz más con menos.

- Crea un espíritu de equipo y de familia.

- Sé apasionado y ten determinación.

- Construye relaciones abiertas y honestas.

- Sé humilde.

Como ya he apuntado, una de las claves de Zappos es pensar en la experiencia como estrategia de su gigante comercio electrónico. Pensar en el usuario en todo el servicio que ofrece: antes y después de la venta. La estrategia de la marca es desarrollar una experiencia de compra (tanto por la parte *online* como la parte *offline)* ejemplar y memorable.

Siguiendo con este ejemplo, hay cuatro acciones básicas que Zappos realiza en su gestión de experiencias que nos deberían servir como referencia:

- Acciones de servicio: 24 horas los siete días de la semana (servicio 24/7) con teléfono gratuito.

- Acciones con gancho: envío gratuito.

- Acciones de seguridad: devolución gratuita.

- Acciones posventa: un año para devolver el producto.

Cuadro 5.27 Estrategia para una experiencia de cliente memorable

Pero hay muchas maneras de enfrentarse a la gestión y creación de experiencias *online,* en sectores muy diversos e incluso en algunos en los que en principio no podríamos pensar que desarrollaran estrategias de creación de experiencias *online.* Hay casos de peluquerías (en España, lordjackknife.com) que han creado toda una experiencia a través del mundo digital, y además han conseguido una diferenciación clave en su concepción de cómo debe ser un negocio y de cómo se tiene que sentir el cliente. En este caso, los contenidos abarcan todos los canales *online,* incluso haciendo un esfuerzo especial en algún canal concreto. El esfuerzo en su canal YouTube es espectacular y es un activo más de su negocio, pero no se olvida del poder de los medios de comunicación sociales. Aquí se encuentra parte de su secreto: combina un blog con perfiles en Twitter, Facebook y LinkedIn. Es decir, despliega una estrategia de marketing de contenidos completa, conectando en cada una de las redes con sus clientes, a los que transmite su interés tanto en la forma del mensaje como en el fondo. Pero este algo tiene que estar adaptado al medio por el que lanza el mensaje y a los usuarios de este medio que quiere alcanzar.

Como vemos, en el proceso de creación de experiencias *online* hay varios factores que deben de estar interrelacionados. La manera de conseguirlo es realizar procesos de creación iterativos (repetir un proceso con el objetivo de alcanzar una meta deseada, objetivo o resultado como elemento fundamental de las metodologías centradas en las personas: lanzar, comprobar y medir la experiencia y rectificar). Para ello los pasos básicos en los que nos deberíamos centrar son estos:

1. Elegir al usuario, definirlo (sería la tarea cero).

2. Investigación y análisis: conocer al usuario. ¿qué está tratando de conseguir? ¿Cuáles son sus objetivos y valores? ¿Cuál es el contexto en el que se va a usar? ¿Y sus habilidades?

3. Diseño: realizar prototipos que nos permitan aprender, reflexionar, interaccionar.

4. Evaluación: realizar pruebas de usabilidad, observando al usuario realizar la tarea. Tenemos también que aprovechar el medio digital y llevar a cabo mediciones. Pero para medir de forma eficiente antes hemos tenido que definir los objetivos estratégicos de la compañía o del producto, los objetivos del canal (web, aplicación, red social) para definir las mediciones necesarias y los KPI.

4.2. Diseño de webs experienciales

Hoy en día, como estamos viendo a través de los diferentes capítulos, la expectativa de excelencia es bastante alta, y el usuario quiere poder tener y disfrutar de una experiencia de usuario (UX) atractiva, personalizada, pero sobre todo satisfactoria, relevante y disponible desde cualquier lugar y dispositivo. Los usuarios en los medios digitales son muy volátiles. Navegan mucho y muy lejos. Y en cuanto una página cuida un aspecto de su experiencia se convierte muy rápidamente en un estándar porque los usuarios que habrán pasado por ella aceptarán difícilmente que otras web hagan esta misma cosa peor (por ejemplo, un proceso de compra: Amazon se convirtió muy rápido en un referente en cuanto a proceso de compra).

Por otra parte, estas experiencias accesibles deben ser sencillas y fácilmente compartidas. Los usuarios esperan poder conectarse e interactuar sin dificultad con familiares y amigos, o en el caso de las empresas —que dependen cada vez más de las redes sociales y comunidades en línea— poder interactuar con clientes, compañeros, socios y equipos colaboradores. Cada vez más construimos y reforzamos estas relaciones a través de nuestra capacidad de comunicarnos y de compartir información y experiencias donde quiera que vayamos y a través de los dispositivos de nuestra elección.

El diseño es definir cómo es, cómo funciona y cómo se ve un producto o servicio y, sobre todo en diseño experiencial, cómo se lo hago vivir (cómo quiero que lo vivan) a las personas. En el caso de la experiencia *online,* no sólo deben ser funcionales los productos o servicios, sino además han de ser emocionales.

Por lo tanto, la clásica pregunta «¿hola, me haces una web? Quiero una como esta» no es tan fácil (o difícil, según se mire).

Esta pregunta, recurrente a la hora de diseñar páginas web, requiere mucho más trabajo previo si hablamos de webs experienciales. El diseño es sólo una de las fases del proyecto, una de muchas. Antes, hay que conocer al cliente, analizar el sector, establecer estrategia y objetivos, definir estructura de contenidos y mapa web, *wireframes* o prototipos, posicionamiento en buscadores o *search engine optimization* (SEO), posicionamiento en la Red, fidelización, analítica web, KPI y un largo etcétera. Mucho trabajo de campo, de análisis y de conclusiones para conseguir los objetivos que se pretenden. Además, no debemos pasar por alto los análisis heurísticos del *website* o sitio web y las pruebas de usabilidad, algo fundamental como hemos dicho en el desarrollo posterior de la experiencia a través de la web.

Consideremos por ejemplo la tarea de rediseñar una web ya existente. Un modo convencional podría ser contratar diseñadores que podrían cambiar el estilo gráfico, las tipografías, incluso sugerir que se añadieran y cambiaran algunas fotografías. Sin embargo, si el rediseño se basa en la lógica experiencial, el diseñador de experiencias primero considerará los momentos de vínculo emocional propios del hecho de interesarse por el contenido que ofrece nuestra web.

¿Cómo se realizó la compra o la entrega del producto? ¿Se dan facilidades al usuario o cliente? ¿Cómo se lee la web? ¿Qué apartados interesan? ¿Qué nos interesa a nosotros que se comparta? ¿Qué le interesa al cliente compartir? ¿Qué sucede cuando el usuario o cliente abandona nuestra web? ¿Qué cosas le agradan y cuáles le desagradan al usuario acerca del uso de la web? Es este el tipo de consideraciones que conducirá a innovaciones experienciales y más radicales, partiendo de la base de que se debe ofrecer, al menos, lo que el usuario espera encontrar. A esto se le denomina gestión de las expectativas.

Cuadro 5.28 Ejemplo de página web de universidad

Cosas que están en la página de inicio de la web de la universidad

Cosas que buscan en la web de la universidad

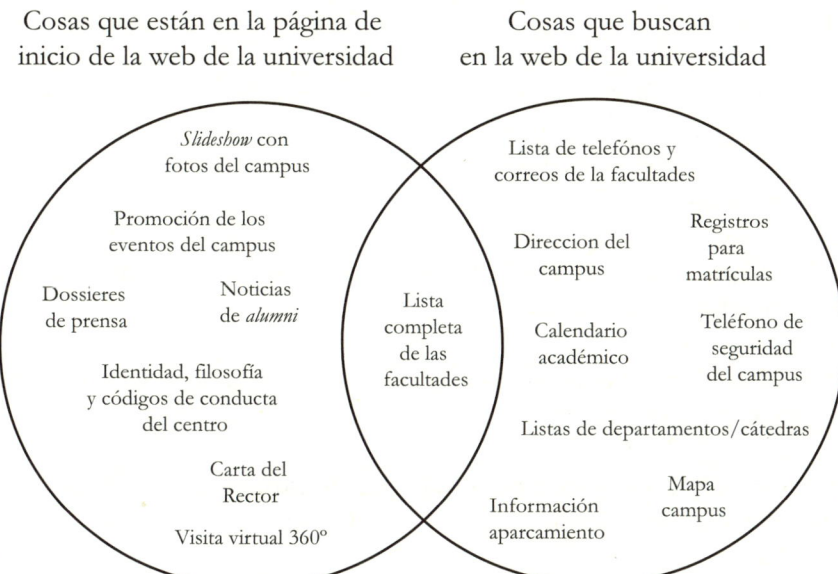

¿Lo que ofreces en tu web es lo que buscan los usuarios? En la búsqueda de soluciones de diseño más integradoras, en los últimos años se han popularizado –principalmente en el entorno profesional del desarrollo web– las referencias a la UX como el enfoque más adecuado para el desarrollo de productos interactivos. Por lo tanto, un factor estratégico es orientar el diseño, la estructura y los contenidos web hacia unos objetivos específicos, a unos usuarios concretos y en un contexto determinado. Con este objetivo debemos usar las mejores prácticas y la heurística adecuada para crear la experiencia ideal, teniendo en cuenta criterios de usabilidad. Volvemos de nuevo a incidir en las claves ya apuntadas:

1. Define una estrategia.

2. Define a tus usuarios.

3. Define las necesidades de tus usuarios.

4. Proporciona una solución a dichas necesidades e incluso algo que supere sus expectativas.

5. Construye un modelo de negocio sobre la solución diseñada.

La clave es la usabilidad, eso sí, sobre una estrategia y sobre unas necesidades de unos usuarios. Según la ISO/IEC 9241, se define usabilidad como «eficacia, eficiencia y satisfacción con la que un producto permite alcanzar objetivos específicos en un contexto de uso específico»:

• Eficacia: el usuario puede realizar la tarea. Mide la facilidad de aprendizaje, el recuerdo.

• Eficiencia: el usuario puede llevar a cabo esa tarea de forma eficiente. Mide rendimiento, precisión.

• Satisfacción: el usuario disfruta realizando la tarea. Mide las emociones (frustración, estrés, alegría).

Cuadro 5.29 Concepción metodológica de variables en el diseño de webs experienciales

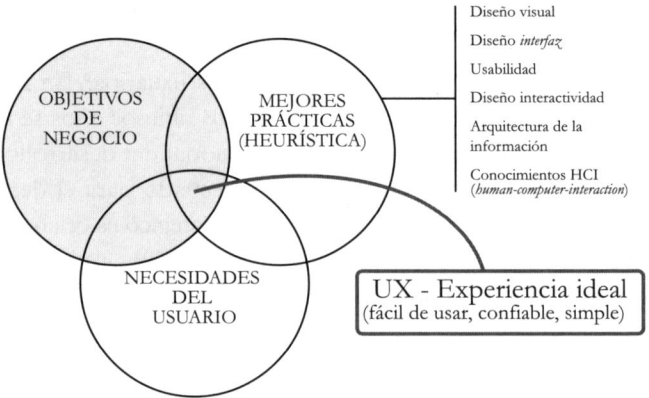

La evaluación heurística es un análisis de experto que lleva a cabo una inspección minuciosa a interfaces o sistemas con el fin de determinar si cada uno de sus elementos se adhiere o no a los principios de usabilidad, diseño o arquitectura de información comúnmente aceptados en sus respectivas disciplinas.

En general, se considera que la capacidad heurística es un rasgo característico de los humanos y puede describirse como el arte y la ciencia del descubrimiento y de la invención o de resolver problemas mediante la creatividad y el pensamiento lateral o pensamiento divergente. Según el matemático George Pólya, quien popularizó el término, la base de la heurística está en la experiencia de resolver problemas y en ver cómo otros lo hacen. Pólya expone cuatro ejemplos que ilustran el concepto mejor que ninguna definición:

- Si no consigues entender un problema, dibuja un esquema.

- Si no encuentras la solución, haz como si ya la tuvieras y mira qué puedes deducir de ella (razonando a la inversa).

- Si el problema es abstracto, prueba a examinar un ejemplo concreto.

- Intenta abordar primero un problema más general (es la paradoja del inventor: el propósito más ambicioso es el que tiene más posibilidades de éxito).

En relación con esto, Jakob Nielsen, experto en usabilidad, publicó en 1995 lo que denominó las «reglas generales o heurísticas» para identificar los posibles problemas de usabilidad. Estas reglas son muy útiles a la hora de enfrentarse al test de usuarios final. Antes de lanzar estos test, los test heurísticos (muy baratos, ya que no requieren circunstancias ni usuarios especiales, sino sólo especialistas en UX) permiten encontrar y corregir errores obvios, y hallar y definir mejor problemas menos obvios que nos encontraremos en los test de usuarios.

Para ello estudió 249 problemas de usabilidad y concluyó con las siguientes reglas heurísticas, que nos pueden servir como ejemplo genérico:

1. Visibilidad del estado del sistema: el sistema siempre debería mantener informados a los usuarios de lo que está ocurriendo a través de retroalimentación apropiada en un tiempo razonable.

2. Relación entre el sistema y el mundo real: el sistema debería hablar el lenguaje de los usuarios mediante palabras, frases y conceptos que les sean familiares más que con términos relacionados con el sistema. Además, se han de seguir las convenciones del mundo real de modo que la información aparezca en un orden natural y lógico.

3. Control y libertad del usuario: hay ocasiones en que los usuarios elegirán las funciones del sistema por error y necesitarán una salida de emergencia claramente marcada para dejar el estado no deseado al que accedieron, sin tener que pasar por una serie de pasos. Se deben apoyar las funciones de deshacer y rehacer.

4. Consistencia y estándares: los usuarios no deberían cuestionarse si acciones, situaciones o palabras diferentes significan en realidad la misma cosa; sigue las convenciones establecidas.

5. Prevención de errores: mucho mejor que un buen diseño de mensajes de error es realizar un diseño cuidadoso que prevenga la aparición de problemas.

6. Reconocimiento antes que recuerdo: se deben hacer visibles los objetos, acciones y opciones. El usuario no tendría que recordar la información que se le da en una parte del proceso para seguir adelante. Las instrucciones para el uso del sistema deben estar a la vista o ser fácilmente recuperables cuando sea necesario.

7. Flexibilidad y eficiencia de uso: la presencia de aceleradores, que no son vistos por los usuarios novatos, puede ofrecer una interacción más rápida a los usuarios expertos que la que el sistema puede proveer a los usuarios de todo tipo. Se debe permitir que los usuarios adapten el sistema para usos frecuentes.

8. Estética y diseño minimalista: los diálogos no deben contener información que sea irrelevante o poco utilizada. Cada unidad extra de información en un diálogo compite con las unidades de información relevante y disminuye su visibilidad relativa.

9. Ayudar a los usuarios a reconocer, diagnosticar y recuperarse de errores: los mensajes de error se deben entregar en un lenguaje claro y

simple, indicar de forma precisa el problema acaecido y sugerir una solución constructiva al problema.

10. Ayuda y documentación: incluso en los casos en que el sistema pueda ser usado sin documentación, podría ser necesario ofrecer ayuda y documentación. Dicha información debería ser fácil de buscar, estar enfocada en las tareas del usuario, con una lista concreta de pasos a desarrollar, y no ser demasiado extensa.

A estas diez reglas algunos autores añaden otros consejos, que complementan o matizan la heurística de la web:

• Aplica criterios de jerarquías que sean claros, con esquemas mentales comunes y agrupados.

• Utiliza validaciones de usuario amigables, con botones grandes.

• A la hora de pedir datos o interactuar, hazlo por pasos (1->2->3) y deja claro al usuario en qué paso está. Provee retroalimentación o *feedback* con indicadores de progreso o validaciones visuales.

• Utiliza un diseño claro y que sorprenda. Haz un buen uso del contraste.

• No añadas distracciones, sé obvio.

• Oculta lo que no sea indispensable.

• Hay mucho diseño ya elaborado, no te metas en camisa de once varas y a ser posible utiliza patrones.

• Estudia bien lo que quiere y necesita el usuario y la experiencia que quieres proporcionarle; tú no eres el usuario.

• Ten en cuenta una máxima: no le hagas perder el tiempo, no le hagas pensar.

• Haz las acciones reversibles.

- Haz fácil el enlace hacia la página de inicio.

- Facilita la lectura y comprensión: alinea textos y gráficos, cantidades a la derecha, texto a la izquierda sin justificar.

- Sé consistente en todos los canales *online*.

Como estamos viendo, no hay una varita mágica para saber cómo, no hay fórmulas magistrales. Aplicando la metodología (objetivos de negocio, mejores prácticas, necesidades del usuario), la innovación y la creatividad (aportar algo diferente) es como se puede llegar al éxito. Hay muchas maneras de crear un sitio web experiencial, y ahí es donde un equipo creativo de gran calibre entra en juego. Sin embargo, los objetivos son siempre los mismos: mostrar a los visitantes tu marca –quién eres y qué ofreces–, en lugar de dejarlo a su imaginación, y dar a los usuarios la mejor experiencia posible al permitir que exploren la información más importante para ellos de una manera transparente. Ahí está la clave, en hacer fácil a los usuarios que consigan lo que desean. O, lo que es lo mismo, gestionar adecuadamente sus expectativas.

Software experiencial: IBM Customer Experience Suite

Una de las empresas multinacionales más importantes en el sector de la tecnología, IBM, ha desarrollado un programa orientado a la creación de webs experienciales: IBM Customer Experience Suite. Para IBM, una web experiencial ha de tener las siguientes características:

- Debe contar con un contenido atractivo, bien gestionado, que facilite la multicanalidad.

- Debe ser sencilla y fácil para llevar analíticas de seguimiento de la usabilidad, como clics, dispositivos, identidades, ubicación, hora del día, que nos permitan mejorar la UX.

- Ha de tener los contenidos sindicados y optimizados para diversidad de canales y dispositivos que mejoren la experiencia de marca en Internet.

- Debe fomentar las comunidades en línea de manera que promueva el intercambio y accione la lealtad o recomendación a la marca.

- Tiene que facilitar la comunicación entre clientes, personal de la empresa y socios, derribando posibles barreras y fomentando la participación comunitaria y en coherencia con las redes sociales en las que la empresa esté presente.

- Debe estar integrada y ser coherente con las aplicaciones del *back office* de la empresa, es decir, de las operaciones que no requieren la participación del usuario, y facilitar la integración de datos en la nube.

4.3. El papel de las redes sociales en la experiencia

La aparición de las redes sociales en nuestras vidas ha sido una gran revolución. Llegaron para quedarse e instalarse en el mundo del marketing y las comunicaciones, indicándonos cómo debemos decir lo que tanto queremos anunciar. Las redes sociales no son ya sólo un canal. Es donde se mueve todo. Además, son omnipresentes (puedes acceder desde cualquier lugar y desde cualquier dispositivo). A modo de ejemplo, en un solo minuto, en las redes sociales se mueven más de 50 billones de mensajes en WhatsApp, 3,3 millones de «me gusta» en Facebook, 350.000 tuits y, 41.000 fotos en Instagram (datos de 2014; ver la conocida infografía *online in 60 seconds)*.

Hace unos cinco años no existían Vine, Instagram, Pinterest o Snapchat. Es más, en 2009 Facebook acababa de crear el botón Me gusta y MySpace todavía era la segunda red social más popular. Desde entonces, las redes sociales han recorrido un largo camino. Un reciente estudio señala que un cuarto de la población mundial utiliza las redes sociales. Esto significa que 1.730.000.000 personas realizan me gusta, posts, pins, tuits, vines e instagrams.

Como vemos, cada vez hay menos barreras. El mundo *online* y el *offline* son paralelos, vividos en planos distintos pero que pretenden dar servicio a una misma base de clientes. Pasamos de la comunicación del boca a boca, del boca a oreja, al me gusta, recomiendo o comento de las redes sociales. En este nuevo mundo, palabras como movilidad, interacción, comunicación, accesibilidad a la información, conocimiento, velocidad y seguridad forman parte de las variables que convergen en nuestros clientes, y no podemos dejar de tenerlas en cuenta en la relación que mantenemos con estos.

No obstante, en las redes sociales no todo vale. Con la profusión que hay hoy en día de información y con el crecimiento exponencial de los dispositivos móviles como forma preferente de comunicación inmediata a través de las redes sociales, hay que ser cada vez más preciso al utilizar cada red social para interactuar con nuestros clientes. Además, con el avance espectacular que están teniendo, ya no sólo vale dar o lanzar un contenido, sino que hay que contar historias verdaderamente cautivadoras y bien articuladas que se centren en el usuario y no en el producto, entendiendo que cada herramienta tiene objetivos diferentes y que, por tanto, debe ser utilizada con una estrategia distinta.

Del mismo modo que no podemos utilizar un martillo para desatornillar, debemos entender que existen diferentes tipos de necesidades sociales que motivaron el nacimiento, la fundación y el desarrollo de cada red social. En el momento de plantearnos realizar una campaña a través de redes sociales, es importante tomar en consideración diferentes factores, y uno de ellos es la personalidad de cada red social.

Tenemos frente a nuestros ojos la posibilidad de crear un efecto fantástico, de llegar a muchas personas, de entrar, viralizar y crear un mensaje que nazca de la interacción que existe con quienes nos siguen.

En definitiva, seamos específicos y capaces de comprender cuándo, con quién y a través de qué debemos decir lo que queremos decir.

El caso de KLM, por ejemplo, cuenta con un excelente y exhaustivo uso de Twitter, la herramienta de los 140 caracteres. La conocida aerolínea adoptó una técnica de marketing experiencial que sorprendió a cada uno de los clientes que escribieron por Twitter algo en relación con la aerolínea. Enviaron, por ejemplo, una caja de bombones a un cliente que publicó en la red social que iba de camino a visitar a su novia viajando por KLM. Mandaron también una limusina de lujo a un cliente que twitteó que iba con retraso para llegar al vuelo KLM que debía tomar dentro de pocas horas. De esta forma y en conjunto con una intensa monitorización de lo que se está diciendo sobre ellos en las redes sociales, pudieron llegar directamente al individuo de forma brillante.

Cuando tenemos una estrategia planificada para cada una de las redes y una línea de comunicación clara y establecida que pueda enmarcar los diferentes mensajes en uno más grande y amplio, el éxito está prácticamente garantizado.

Facebook no fue diseñado ni planteado como una plataforma de muestra fotográfica de un catálogo, Twitter no es simplemente un lugar donde podamos compartir enlaces y Pinterest, idealmente, es para darle crédito y aplausos a contenidos que otros suben a la red.

Cuando hablas con un amigo, el tono cambia en función de dónde estés –en casa, de cena, solo o con más personas– y la predisposición del interlocutor puede variar también dependiendo de cómo y dónde esté recibiendo el mensaje. Hay que tener presente, al usar cada una de las redes sociales, quién es tu usuario en cada red, la circunstancia de uso de cada una de ellas, quiénes son tus seguidores y también quiénes son tus fans; probablemente, el modo en el que les hables deba ser distinto, aunque sean las mismas personas. Están accediendo a ti a través de medios distintos (PC, tableta, teléfono móvil), por lo que sus expectativas están centradas en recibir un mensaje acorde con la plataforma desde la que se acercaron a ti o a tu producto.

En un estudio elaborado por la empresa de marketing digital INITEC, realizado *online* entre 800 personas, que analiza la influencia del marketing digital en los consumidores españoles, los resultados indican que dos de cada tres usuarios tienen en cuenta las recomendaciones sociales de otros usuarios antes de efectuar una compra. Además, el 38% de los encuestados utiliza las redes sociales para consultar las opiniones de otros usuarios antes de concluir la compra en webs o portales especializados. En cuanto a las redes sociales, las más utilizadas para este fin han sido Facebook con un 73%, Twitter con un 59% y LinkedIn con un 52%, y el 65% de los consumidores volverá a realizar una compra después de haber sido atendido en las redes sociales.

La inversión en contenido digital para dispositivos móviles se ha vuelto una obligación, y hay una tendencia clara de uso cada vez mayor de las redes sociales a través del teléfono móvil. Y ya no sólo de las redes sociales e Internet a través del móvil: hoy ya no puedes tener una estrategia de redes sociales si no utilizas una aplicación (al menos para iOs y Android) diseñada especialmente para maximizar la UX, y que esté vinculada con las principales redes sociales. El móvil te proporciona inmediatez, puedes comparar precios y productos mientras compras y también puedes recomendar ¡incluso haciendo uso de las fotos y del vídeo!

Pero ya no sólo vale la distribución de contenidos en las redes sociales. Ahora, al hablar de experiencias, buscamos comunicación y recomendación. Usar el universo de *social media* simplemente como un canal de distribución para que el contenido llegue a más personas y sea más visto ya no es la clave. El contenido debe subirse a las redes sociales para que se generen conversaciones a su alrededor. Hay que hacer comunidad, hay que utilizar las redes sociales para construir relaciones y redes de colaboración *(networking),* y no sólo hacer comentarios en otros blogs para obtener enlaces.

4.4. El poder del *networking*

El *networking* es el recurso que permite generar contactos profesionales interesantes relacionados con el sector en el que tienes intereses, ya sean personales o profesionales, y este, por supuesto, no sólo puede ser presencial. De hecho, cada vez está creciendo más, por su facilidad, la creación de redes de intereses *online.* El más conocido, dentro del *networking online,* se da en LinkedIn, donde puedes conectar con los mejores profesionales de tu sector a nivel internacional o también, a otro nivel, en Twitter, donde puedes hacerte tu propia red de seguidores.

El *networking* tiene grandes ventajas desde el punto de vista profesional. Por un lado, puedes conocer a clientes potenciales, socios y proveedores, con los que generar un grupo de contactos de tu mismo entorno empresarial e intercambiar información valiosa, y con la posibilidad de encontrar nuevas oportunidades de negocio, desarrollar sinergias. Por otro lado, y no menos importante, puedes crear confianza, visibilidad y credibilidad hacia tu marca.

Algunos consejos para crear y gestionar redes de *networking online* de forma efectiva serían estos:

1. Antes que nada, define las redes que vas a utilizar. Existen muchos tipos de redes: las más populares con un enfoque más social (Facebook, Twitter) y entre las profesionales la muy conocida LinkedIn o también Xing o Viadeo. Utiliza varias de ellas según tu público

objetivo, la experiencia que hayas definido y las posibilidades que ofrece cada red.

2. Además de las redes sociales, no desprecies las redes verticales como fuente interesante de *networking*. Estas redes son aquellas destinadas a temáticas concretas de nuestro sector, ubicación o interés. Son muy interesantes para crear imagen de marca *(branding)*, un buen posicionamiento, generar compromiso y prospectar nuevos segmentos de mercado. Un ejemplo muy conocido es la red vertical MySpace, focalizada en la industria de la música principalmente, o Womenalia, centrada en la mujer como profesional. Una buena estrategia debe combinar ambos tipos de red: generalistas y verticales. Busca la tuya o crea una propia. Estas últimas son la tendencia más importante después de la explosión del *networking* virtual *(online)*.

3. Mejora el posicionamiento SEO. El objetivo es aparecer en las posiciones más altas posibles de los resultados de búsquedas orgánicas para una o varias palabras claves concretas. Conviene crear una lista de palabras clave que estén relacionadas con tu persona, tus intereses o con tu negocio, lo más descriptivas posible y que definan perfectamente y de manera sintética tu actividad e intereses.

4. Hay que dar tiempo al tiempo: generar una red de contactos valiosa significa tiempo, especialmente al inicio. Debes fijarte un método y unos tiempos determinados para gestionar tus contactos, establecer unas pautas y cumplirlas. Aprovecha las herramientas, ya que hoy en día en la Red todo está conectado, desde redes sociales hasta páginas web o blogs, lo que permite vincular entre sí distintos perfiles y nuestra información *online*.

5. Mantén activo el contacto: aunque parezca una obviedad, la comunicación bidireccional es muy importante. Un simple gracias tras la recepción de un mensaje genera simpatía y ofrece al receptor un grado de compromiso por nuestra parte, aunque intenta que siempre sea personalizado: no envíes mensajes estándar, que pueden conseguir un efecto adverso. Hay que generar comunidad fortaleciendo y potenciando las relaciones.

6. Reconecta con antiguos conocidos e incluso con desconocidos: piensa en antiguos contactos y reconéctalos. Amigos del colegio,

universidad, compañeros de trabajo, aficiones o actividades de ocio (gimnasio, música). Te sorprenderá la cantidad de vínculos que se pueden recuperar. Contacta con personas que pueden ser un catalizador para tu negocio, idea o proyecto, aunque sean desconocidas. Existen perfiles claves llamados conectores.

7. Crear tu propio grupo o página de fans: esto te permitirá compartir, con contactos que son afines a contenidos, información de servicios o productos y promociones. Contribuye con material visual (fotografías y vídeos) y datos relacionados con tu actividad aumentando tu credibilidad y visibilidad. Aporta contenido actual y de calidad, con información relevante de la empresa y del sector.

8. Escoge buenas fotografías: otro detalle aparentemente trivial, pero que genera confianza en el resto de usuarios es colocar una fotografía adecuada en nuestro perfil (con la licencia adecuada, por supuesto). Es aconsejable en las redes profesionales colgar una foto actual y, si es posible, que esté relacionada con nuestra actividad. Las redes generalistas se prestan a más informalidad, pero tenemos que ser conscientes de que siguen siendo nuestra carta de presentación.

9. Utiliza el sentido común: tener una identidad digital puede ser un buen recurso para promocionarte en la Red, pero tienes que ser listo y actuar con sentido común. Muchas personas han perdido empleos o clientes por ciertos comentarios, detalles de carácter privado o fotografías inadecuadas. Con la privacidad debes ser cauto.

10. Busca y gestiona *online* ferias, congresos y eventos en los que puedas conocer o contactar de nuevo a tu red de contactos *online*. Elabora una agenda anual en la que aparezcan las ferias, congresos y los eventos que mejor encajen con tu sector. Antes de asistir a estas ferias o eventos, busca información de los participantes y programa una cita con ellos. Suelen ser lugares de mucho ajetreo y, si no tienes cita, es difícil establecer contactos. Incluso si asistes a una conferencia, infórmate con antelación sobre el ponente a través de las páginas corporativas, ponte en contacto con él por medio de las redes sociales, y una vez allí preséntate.

Todo está enfocado a conectar con nuestros potenciales usuarios y a atender a los usuarios actuales. Pero una vez establecida una estrategia *online* que incremente y expanda la experiencia definida, facilitado y establecido el contacto con nuestros usuarios a través de las redes sociales y las aplicaciones, y creada la red de *networking,* hemos de comprobar que la estrategia es adecuada e incluso que esta se mantiene en el tiempo. Debemos testear a nuestros usuarios.

4.5. Observación y análisis del usuario en Internet

Finalmente, debemos ver que toda nuestra estrategia experiencial está alineada con lo que pretendemos; es más, que lo que los usuarios esperan al menos se les ofrece. Sería fantástico que hayamos podido, además, convertir lo convencional en extraordinario.

Cuando el usuario necesita cubrir cierta información, o le han recomendado un producto o un servicio, se hace determinadas preguntas y espera obtener cierta información. Los que diseñamos experiencias *online* debemos conocer de antemano esas preguntas y cuáles son las necesidades mínimas que tenemos que cubrir con nuestra estrategia *online*. Para comprobarlo hay varias técnicas complementarias.

Una de ellas son los análisis cualitativos de usuarios: utilizando técnicas con componente cualitativo, como los grupos de discusión de usuarios, el seguimiento ocular o *eyetracking* (ver capítulo 2), encuestas *online* o entrevistas empleando las técnicas de categorización de contenidos utilizando tarjetas *(cardsorting),* se puede conocer bastante información sobre el perfil de los usuarios a los que va destinada nuestra estrategia *online*. Mediante estas técnicas se pueden entender las motivaciones principales y las expectativas de nuestros potenciales usuarios y sus frenos de uso, así como comprender qué esperan en la estructuración de contenidos y el etiquetado asociado.

Otro tipo de análisis, complementarios a los anteriores, son los test de usabilidad. Mediante los test de usuarios se evalúa la usabilidad por medio de la observación y el análisis de cómo un grupo de usuarios reales utiliza el sitio web y anotando los problemas de uso con los que se encuentran para poder solucionarlos. Como toda evaluación de usabilidad, cuanto más esperemos para su realización, más costoso resultará la reparación de los errores de diseño descubiertos. No sólo debemos realizar este tipo de pruebas sobre el sitio web una vez implementado, sino también sobre los prototipos del sitio, y siempre después de una evaluación heurística (ver apartado 4.2 de este capítulo, «Diseño de webs experienciales»).

Según Nielsen y sus colaboradores, para hacer los test de usuarios sólo hacen falta cinco usuarios. En un artículo de 1993, Thomas K. Landauer y Nielsen[1] utilizaron métodos estadísticos para fundamentar desde un punto de vista matemático estos hallazgos empíricos. Determinaron que una distribución de Poisson describe adecuadamente las probabilidades de que un conjunto de usuarios localicen los problemas de usabilidad que puede presentar un producto dado y, posteriormente, tal como resume Wilhelm[2], establecieron una fórmula que calcula el número de problemas de usabilidad que se detecta en un test con n usuarios: N (1-(1- L)n). N es el número total de problemas que afectan al producto y pueden ser encontrados por ese test en particular, y L la proporción de problemas que típicamente encuentra un único participante. Según explica el propio Nielsen en el citado artículo, la investigación demuestra que esta proporción ronda el 31%. El resultado es la siguiente gráfica, que también ha sido ampliamente citada y reproducida posteriormente, llegando a ser conocida como la parábola del optimismo.

Cuadro 5.30 La parábola del optimismo

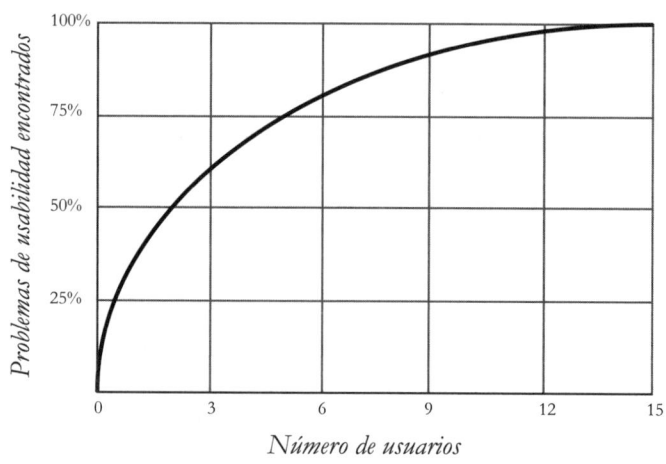

Parábola del optimismo, Jakob Nielsen, *Why You Only Need to Test with 5 Users.*

La lectura de la curva deja claro que en torno al quinto usuario ya se habrán recogido el 85% de los problemas de usabilidad más relevantes. Más aún: el comportamiento de la curva es asintótico, de manera que, pasado cierto punto, incrementos lineales en el eje horizontal del número de usuarios se corresponden con ganancias cada vez más pequeñas en el eje vertical (los problemas detectados por el test). Autores como Barnum[3], Wilhelm[4] o Sauro[5] señalan, en sus respectivas revisiones históricas sobre esta cuestión, que prácticamente a la vez que Nielsen y Landauer otros investigadores ya estaban llegando, por caminos independientes, a conclusiones parecidas. Aunque a esta esta teoría no le faltan detractores, parece que el sustento matemático es bastante sólido. Seguramente lo más acertado es dar por buenas las fórmulas de Nielsen y sus defensores, siempre que se apliquen a usuarios que procedan de las mismas poblaciones o perfiles y que todos los participantes se sometan a las mismas tareas. Por último, puede resultar más rentable y efectivo, de cara a la mejora del producto, hacer varias pruebas pequeñas antes que una grande.

No hay que perder de vista que lo importante es probar, da igual con cuántos y con quiénes (por lo menos no tienen que conocer el proyecto y deben corresponder a las características principales de tu población objetivo). Lo importante es hacerlo, y cuanto antes, mejor.

Notas

Capítulo 1

1   Manning, H. y Bodine, K. (2012), *Outside In,* Forrester Research.
2   Carlzon, J., (1985), *El momento de la verdad,* Harper Collins.
3   Pine II, B. Joseph y Gilmore, James H. (1998), «Wellcome to the experience economy», *Harvard Business Review,* julio-agosto.
4   Damasio, A. (2006), *El error de Descartes,* Editorial Crítica.

Capítulo 2

1   Schmitt, B. (1999), *Experiential Marketing,* Editorial Deusto; y Schmitt, B. (2003), *Customer Experience Management.*
2   Caver y Scheier, «Oxford Handbook of Human Action».
3   Fredrickson, B. (2009), *Positivity,* Nueva York, Crown.

Capítulo 3

1   Manning, H. y Bodine, K. (2012), *op. cit.*
2   Meyer, John P. y Allen, Natalie J. (1991), «A three-component conceptualization of organizational commitment», *Human Resource Management Review,* 1, pp. 61-89.
3   Wellins, Richard S.; Bernthal, P. y Phelps, M. (2005), *Employee Engagement: The Key to Realizing Competitive Advantage,* DDI World.
4   Goleman, D. (1999), *La práctica de la inteligencia emocional,* Editorial Kairós.

Capítulo 4

1   Rodríguez, I.; Collado, J. y Herrero, A. (2001), *Lealtad del consumidor y el marketing relacional,* ponencia del IX Congreso Nacional de la Asociación Científica de Economía y Dirección de la Empresa (ACEDE), Zaragoza.
2   Laursen, K. y Salter, A. J. (2006), «Open for Innovation: The Role of Openness in Explaining Innovation Performance among UK Manufacturing Firms», *Strategic Management Journal.*
3   Para John Chambers, consejero delegado de Cisco, «only companies that built collaboration into their DNA by tapping into the collective expertise of employees and customers –instead of few selected leaders on the top– will succeed».
4   «Si hubiera preguntado a mis clientes qué es lo que necesitaban, me habrían contestado: "un caballo más rápido"».
5   Tiempo y dinero necesarios para la identificación y captación de los clientes adecuados, así como para la

transferencia de conocimiento por distintas posibles vías.

Capítulo 5

1 Nielsen, J. y Landauer, Thomas K., «A mathematical model of the finding of usability problems», *Proceedings of ACM INTERCHI'93 Conference* (Amsterdam, The Netherlands, 24-29 April 1993), pp. 206-213. Posteriormente, Jakob Nielsen publicó el artículo «Why You Only Need to Test with 5 Users» (marzo 2000), en http://www.nngroup.com/.

2 Wilhelm, T. (2011), *Stichprobengröße bei Nutzertests im Labor: Wie viele Testpersonen sind wirklich nötig? Forschungsbeiträge der eResult GmbH,* publicado en http://www.eresult.de/studien_artikel/forschungsbeitraege/stichprobengroesse_usability-test.html.

3 Barnum, C. (2011). *Take a peek at a brief history of usability testing- then and now,* en Barnum, C., *Usability Testing Essentials* (pp 14-16), Burlington, MA., Morgan Kaufmann.

4 Wilhelm, T. (2011), *op. cit.*

5 Sauro, J. (2010), *A Brief History of the Magic Number 5 in Usability Testing,* en Measuring Usability, publicado en http://www.measuringusability.com/blog/five-history.php.

Bibliografía

BARDEN, P. (2013), *Decoded,* Wiley.

BARNUM, Carol M. (2010), *Usability Testing Essentials: Ready, Set...Test!,* Morgan Kaufman Publ Inc.

Blog *Seis de Agosto, Ergonomía y Diseño de Interacción:* http://www.seisdeagosto. com.

BRAIDOT, N. (2013), *Neuromarketing,* Editorial Gestión 2000.

CARLZON, J. (1985), *El momento de la verdad,* Editorial Harper Collins.

CHAN KIM, W. y MAUBORGNE, R. (2005), *Blue Ocean Strategy,* Harvard Business School Press.

DAMASIO, Antonio (2006), *El error de Descartes,* Editorial Crítica.

EAGLEMAN, D. (2013), *Incógnito, las vidas secretas del cerebro,* Editorial Anagrama.

FREED, L. (2013), *Innovating Analytics,* Wiley.

GOLEMAN, D. (1996), *La inteligencia emocional,* Editorial Kairós.

GOLEMAN, D. (1999), *La práctica de la inteligencia emocional,* Editorial Kairós.

GOTO, K. y COTLER, E. (2002), *Rediseño de sitios web,* Madrid, Prentice Hall.

HASSAN MONTERO, Yusef y MARTÍN FERNÁNDEZ, Francisco J., «Método de test con usuarios», *No sólo usabilidad: revista sobre personas, diseño y tecnología,* (www.nosolousabilidad.com).

HERZBERG, F. (1968), «Una vez más, ¿cómo motiva usted a sus empleados?», *Harvard Business Review,* pp. 13-22.

HERZBERG, F. (1996), *Work And The Nature Of Man,* Cleveland, World Publishing Company.

KAHNEMAN, D. (2011), Thinking, Fast and Slow, Editorial McMillan.

KRUG, S. (2001), *No me hagas pensar: una aproximación a la usabilidad en la web,* Madrid, Prentice Hall.

LEE, S. (2015), *The PIG Strategy,* iMatch Point.

MANNING, H. y BODINE, K. (2012), *Outside In,* Forrester Research.

MASLOW, A. (1943), *A Theory of Human Motivation.*

MEYER, C. y SCHWAGER, A. (2007), «Understanding Customer Experience», *Harvard Business Review,* febrero.

MEYER, John P. y ALLEN, Natalie J. (1991), «A three-component conceptualization of organizational commitment», *Human Resource Management Review,* 1, pp. 61-89.

MLODINOW, L. (2012), *Subliminal, cómo tu inconsciente gobierna tu comportamiento,* Editorial Crítica.

NIELSEN, J. (2001), *Designing Web Usability: The Practice of Simplicity,* New Riders Publ.

NIELSEN, J. y TAHIR, M. (2001), *Homepage Usability: 50 Websites Deconstructed: Real World Usability Deconstructed (Voices That Matter).* New Riders Publ.

PETERS, T. (2004), *Re-imagina!,* Pearson Educación.

PILLER, F.; IHL, C. y VOSSEN, A. (2011), *A typology of customer co-creation in the innovation process,* Hanekop and Wittke.

PINE II, B. Joseph y GILMORE, James H. (1998), «Wellcome to the experience economy», *Harvard Business Review,* julio-agosto.

SCHMITT, B. (2006), *Experiential Marketing,* Editorial Deusto.

STICKDORN, M. y SCHNEIDRE, J. (2011), *This is Service design Thinking,* Wiley.

WELLINS, Richard S.; BERNTHAL, P. y PHELPS, M. (2005), *Employee Engagement: The Key to Realizing Competitive Advantage,* DDI World.

Galería de autores

Director

Marcos González de La-Hoz es director global de Excelencia Comercial para España y Latinoamérica en la consultora internacional de marketing estratégico Brain Trust Consulting Services, con presencia en España, Portugal, Brasil, Argentina, Chile y México, de la que también es miembro del consejo asesor. Su actividad se desarrolla en los campos de Inteligencia de cliente, Inteligencia competitiva e Inteligencia de operación comercial implantando sus metodologías en empresas de los cuatro continentes cotizadas en el IBEX-35, Dow Jones, Dax 30, CAC 40 y FTSE 100. Su carrera profesional la compagina con la docencia formando parte del claustro de profesores de IE Business School. Además, ha escrito tres libros y colabora en medios especializados como *Expansión, Cinco Días, Harvard-Deusto Business Review* y en la *Revista Ideas* de IE Business School, siendo una de las personalidades más destacadas en el ámbito de la experiencia de cliente y la implantación de la excelencia comercial en empresas de España y Latinoamérica. Es bachelor of Business Administration por la Universidad de Swansea (Gales), máster en Dirección Comercial y Marketing por IE Business School y máster en Humanidades y Filosofía por la Universidad Francisco de Vitoria de Madrid.

Autores

José Manuel Brell es socio fundador de Brain Trust Consulting Services donde ejerce como consultor experto en marketing y operaciones. Desde el inicio de su andadura profesional ha tenido ocasión de participar y dirigir proyectos vinculados a la estrategia empresarial, la dirección comercial, el marketing estratégico y la investigación de mercados. Bajo su responsabilidad se han realizado más de 300 estudios en sectores como turismo, telecomunicaciones, banca, seguros y medios de pago, entre otros. En su faceta docente, lleva varios años colaborando como profesor asociado en los departamentos de Economía de la Empresa y Estadística de la Universidad Carlos III de Madrid, además de haber participado en múltiples cursos y seminarios.

Tomás Ibáñez es director asociado en Brain Trust Consulting Services. Se licenció en Psicología y, a lo largo de su carrera profesional, se ha especializado en las áreas de Recursos Humanos, Diseño y operación de servicios al cliente y Gestión de la experiencia de cliente. Durante más de 20 años ha desempeñado su actividad en estos campos ocupando puestos de dirección en compañías del sector de telecomunicaciones en España. En los últimos tiempos ha desarrollado su trayectoria como consultor experto en temas de experiencia de cliente, con foco en la mejora de operaciones comerciales y de servicio, en las que ha liderado proyectos a nivel internacional con la firma Brain Trust Consulting Services.

Gabriel Pagola Domec es licenciado por la Universidad de Buenos Aires, experto en Gestión de experiencia de cliente y transformación digital. Socio y vicepresidente para América Latina de Brain Trust Consulting Services, asesora a firmas de primer nivel en el mundo de las telecomunicaciones, banca y seguros, desde hace más de 15 años. Es profesor asociado de IE Business School de Madrid, dentro del Programa Superior en Customer Experience Management, donde desarrolla su actividad académica y de divulgación de las distintas soluciones prácticas de implementación. Además, ejerce como investigador, consultor y conferenciante tanto en Europa como en América.

José Luis Ruiz es experto en Gestión de la Experiencia de Cliente (CEM) y en User Experience (UX). Socio internacional y miembro fundador de Brain Trust Consulting Services, empresa especializada en este ámbito, desde la que ha trabajado en la mejora de la Experiencia de Cliente y UX para grandes compañías en diversos sectores tanto en España como en Latinoamérica. También es profesor del Programa Superior en Customer Experience Management de IE Business School en Madrid. Ingeniero Superior de Telecomunicaciones por la Universidad Politécnica de Madrid, cuenta con un Programa Superior en Customer Experience Management y un European Certificate in Relationship Marketing.

Manuel Suárez Diz es experto en procesos y organizaciones, área en el que acumula más de 20 años de experiencia en consultoría. Licenciado en Psicología con la especialidad de Organizaciones por la Universidad Complutense de Madrid, cuenta también con una diplomatura en Customer Experience Management y un European Certificate in Relationship Marketing. Además, es profesor del Programa Superior en Customer Experience Management de IE Business School en Madrid. Como director asociado de Brain Trust Consulting Services se ocupa de la práctica de Procesos, Organización y Recursos Humanos. Ha ampliado su campo de actuación a proyectos en el área de Inteligencia Competitiva y el Customer Experience Management, participando en la mejora de la Experiencia de Cliente y UX para grandes compañías en España y Latinoamérica.

Miguel Ángel Tovar es especialista en Inteligencia de cliente y Gestión de operaciones y cuenta con una amplia experiencia acumulada en sectores punteros en estos ámbitos tales como telecomunicaciones y banca. Actualmente es socio de la firma de consultoría Brain Trust Consulting Services, donde además de liderar la dirección de proyectos en estos ámbitos de especialización, colabora activamente en proyectos vinculados a la mejora de la Experiencia de Cliente en sectores de referencia tanto en España como en Latinoamérica. Es titulado en Estadística por la Universidad Carlos III de Madrid, cuenta con un máster en Dirección Comercial y Marketing y, en la actualidad es profesor del Programa Superior en Customer Experience Management de IE Business School en Madrid.

años

nos queda mucho por hacer

- 1993 Madrid
- 2007 Barcelona
- 2008 México DF y Monterrey
- 2010 Londres
- 2011 Nueva York y Buenos Aires
- 2012 Bogotá
- 2014 Shanghái y San Francisco